遼寧省圖書館藏陶湘舊藏閔凌刻本集成

孫子參同·兵垣四編·呂氏春秋·淮南鴻烈解

遼寧省圖書館 編

2

中華書局

第二册目録

孫子參同五卷（卷四——卷五）

（明）李贄 輯
（明）閔于忱 集評

明萬曆四十八年（一六二〇）
閔于忱松筠館刻朱墨套印本

王鳳洲曰此弌首尾喚應較他篇更句句秘密匹孫子出其平生所學儘力摹畫之文

表了凡曰兵之妙處全是變虛為實變實為虛通篇只得此意

孫子參同卷四

虛實第六

穆老泉曰有形勢便有虛實

孫子曰凡先處戰地而待敵者佚後處戰地而趨戰者勞故善戰者致人而不致於人能使敵人自至者利之也能使敵人不得至者害之也故敵佚能勞之飽能饑之安能動之出其所不趨趨其所不意行千里而不勞者行於無人之地也攻而必取者攻其所不守也守而必固者

要看而字

鑽老泉曰文君細碎像貫皆明

守其所不攻也故善攻者敵不知其所守善守者敵不知其所攻微乎微乎至於無形神乎神乎至於無聲故能爲敵之司命進而不可禦者衝其虛也退而不可追者速而不可及也故我欲戰敵雖高壘深溝不得不與我戰者攻其所必救也我不欲戰雖畫地而守之敵不得與我戰者乖其所之也故形人而我無形則我專而敵分我專爲一敵分爲十是以十攻其一也則

說話中間著數句贊辭是自

象得意處

文勢几變只一氣溜下

我衆敵寡能以衆擊寡則吾之所與戰者約矣吾所與戰之地不可知不可知則敵所備者多敵所備者多則吾所與戰者寡矣故備前則後寡備後則前寡備左則右寡備右則左寡無所不備則無所不寡寡者備人者也衆者使人備已者也故知戰之地知戰之日則可千里而會戰不知戰地不知戰日則左不能救右右不能救左前不能救後後不能救前而況遠者數十

從前至此皆發明致人而不致于人句

三咏嘆

正意作結

里近者數里乎以吳度之越人之兵雖多亦奚益於勝哉故曰勝可為也敵雖衆可使無鬬故策之而知得失之計作之而知動靜之理形之而知死生之地角之而知有餘不足之處故形兵之極至於無形無形則深間不能窺智者不能謀因形而措勝於衆衆不能知人皆知我所以勝之形而莫知吾所以制勝之形故其戰勝不復而應形於無窮夫兵形象水水之形避高

以越為敵對吳言也

避實擊虛一篇主意至此纔露

而趨下兵之形避實而擊虛水因地而制流兵因敵而制勝故兵無常勢水無常形能因敵變化而取勝者謂之神故五行無常勝四時無常位日有短長月有死生

觀變陰陽至虛至實

先處戰地而待敵者佚 漢征隗囂諸將爲囂所敗光武令息軍栒邑未及至囂遣其將行巡取栒漢將馮異欲先據之諸將皆曰虜兵盛而新乘勝不可與爭異曰先據城以佚待勞非所以爭鋒也遂潛往閉城偃旗鼓行巡不知馳赴之異乘其不意擊鼓建旗而出大敗行巡東魏將齊神武擊西魏周文引軍會戰步將李弼曰彼衆

好計 好計

我寡不可平地置陣此東十里有渭曲可先據以待之乃背水東西爲陳戰破神武

能使敵人自至者利之也 赤眉委輜重以餌鄧禹楊素毀車以誘突厥是也

能使敵人不得至者害之也 害其所急彼必釋我而自固魏人寇趙邯鄲齊將田忌救之孫臏曰夫解紛者不控捲救鬬者不摶撠批吭擣虛形格勢禁則自解耳今二國相持輕銳者竭於外疲老殆於內我襲其虛彼必解圍而奔命直走大梁邯鄲圍解

飽能饑之 隋欲伐陳問計於高熲熲曰江南土熱早收伺彼農時我正暇豫徵

兵掩之彼必徹農而御我候其聚兵我便解退再三若此彼農事廢矣又南方地卑舍悉茅竹倉庫廩積悉依其間因風縱火粮儲必盡候其營立再爲之行其計於是陳人大困又如周亞夫絶吳楚餉道堅壁不戰待其飢疲是也

出其所不趨趨其所不意　如周文帝使將軍尉遲迥伐蜀迥以西蜀與中國隔絶百有餘年恃其山川險阻不虞我師之至選精甲鋭騎星夜襲之出其不意衝其心腹蜀人向風不守曹公北征烏桓郭嘉曰兵貴神速今千里襲人彼聞之得以爲備不如輕兵兼道以出公乃密出盧龍塞直指單于庭大破烏桓

攻而必取者攻其所不守也　如漢耿弇令軍吏治攻具約五

詭

日攻西安西安聞之日夜警守臨淄不爲之備至期夜半弇勒諸軍蓐食趨臨淄出其不意一日拔之漢末朱儁擊黄巾賊帥韓忠鳴鼓攻其西南賊衆悉赴之儁自將精卒五千掩其東北乘城而入忠乃乞降

守而必固者守其所不攻也如周亞夫平七國堅壁拒守吳奔壁東南陬亞夫使備西北已而吳兵果奔西北不得入遂亂遁走

故我欲戰敵雖高壘深溝不得不與我戰司馬宣王攻公孫文懿於遼東懿阻遼水以拒守宣王曰賊堅營高壘以老我師攻之正入其計古人云敵雖高壘不得不與我戰者攻其所必救也今直指襄平則人懷内懼懼而求

戰破之必矣遂整陳而過賊見兵出其後果來邀戰乃大破之

我不欲戰雖畫地而守之敵不得與我戰如曹操爭漢中蜀先主拒之時趙雲守別屯將數十騎軒出遇操軍且戰且却雲入營使大開門偃旗息鼓曹公疑有伏引去諸葛武侯屯陽平使魏延等并兵東下惟留萬人守城司馬宣王來攻之將士皆失色亮意氣自若勑軍中臥旗息鼓大開四門掃地却洒宣王疑有伏引去是也

知戰之地知戰之日蹇叔知晉人遇師必於殽是知戰地也陳湯料烏孫圍兵五日必解是知戰日也孫臏伏弩馬陵度龐涓日暮必至項羽謂曹咎曰後十

五月必定梁地覆與將軍會

此皆知戰之地戰之日者

策之而知得失之計

高祖討黥布問於薛公對曰東取吳西取楚并齊取魯傳檄燕趙固守其所此上計也東取吳西取楚并韓取魏據敖倉之粟塞成皐之口此中計也東取吳西取下蔡歸重於越身歸長沙此下計也帝曰布計將安出對曰布以酈山之徒自致萬乘此皆爲身不顧其後必出下計西魏遣于謹討梁元帝於江陵長孫儉問曰蕭繹計將如何謹曰耀兵漢沔席卷渡江直據丹陽是其上策移郭内居民退保子城峻其陴堞以待援至是其中策若難於移動據守羅郭是其下策儉曰定出何策對曰蕭氏保據江南綿歷數紀屬中原多故未遑外畧且繹懦而無謀多疑少斷人難慮

始皆戀邑居忌遷惡移當保羅郭必用下策後皆如其言古名將能策人之得失者多矣姑記此二事爲法

作之而知動靜之理 激作敵人觀其動靜也如晉文公拘宛春以怒楚將子玉子玉遂乘晉軍是躁動也諸葛亮遣巾幗婦人之服以激司馬宣王宣王終不出戰是鎮靜也

角之而知有餘不足之處 左傳曰左右角之謂張兩角從傍攻之也如蕭王以兵三千親犯尋邑中軍知敵之有餘也謝玄遣劉牢之領兵五千趣洛澗斬梁成知敵之不足

劈頭勘破

妙人 妙人

因敵變化而取勝 曹公之圍張繡也城未拔力未屈而去繡出襲其後賈詡止之繡不聽爲曹公所敗繡謂詡曰公既能知其敗必能知其勝繡曰復以敗卒襲之果敗曹公唐李愬既收元濟諸將請曰公始敗於朗山而不憂勝於吳房而不取冒大風盛雪而不止孤軍深入而不懼卒以成功何也愬曰朗山不利則賊輕我不爲備矣取吳房則其衆奔蔡併力固守故存之以分其兵風雪陰晦則烽火不接不知吾至孤軍深入則人皆致死戰自倍矣夫視遠者不顧近慮大者不計細若務小勝恤小敗先自撓矣何暇立功乎

魏武帝曰虛實者能虛實彼已也先處戰地

所必救何必是君主

而待敵則力有餘利之謂誘之以利害之謂出其所必趨攻其所必敵也佚能勞之以事煩之也飽能饑之絕其糧道也安能動之攻其所愛出其必趨使敵不得不救也行於無人之地出空擊虛擊其不意也不知所守出不意也不知所攻情不泄也攻其所必救絕糧道守歸路而攻其君主也乖其所之乖戾其道示以利害使敵疑也使人備已形藏敵

若勢一何可勝萬狀

甚確

疑則分離其衆以備我也知戰之日以度量知空虛會戰之日也因形而措勝因敵形而立勝也制勝者人皆知吾所以勝莫知吾因敵形而制勝也非以一形勝萬形也不復者不重復動而應之也因敵變化而取勝者勢盛必衰形露必敗則因敵變化則取勝若神也五行四句兵無常勢盈縮隨敵也　李卓吾曰兵無常形未戰則以實待虛亦無常勢

從經文勘出能使字面得致人之義

將戰則避實擊虛而已此爲將者之所通知也若夫敵佚而能使之勞敵飽而能使之饑敵安而能使之動敵衆而能使之寡敵不必備而能使之無所不備敵不欲戰而能使之不得不戰故敵雖衆可使無鬬敵雖強可使不敢恃敵雖近而左右前後可使不得相救若我則雖遠而行千里可使無人不欲戰而能使敵必不敢戰則不但以待其虛衝其虛

聯絡妙

妙

而已矣蓋敵人雖實我能虛之而敵人之命皆懸于吾矣故能爲敵之司命也夫敵人之命我實司之則何勝之不可爲乎故曰勝可爲也勝可爲則制勝之權常在我矣制勝之權是豈敵人之所能知乎非唯敵人不得知吾之因形而措勝者即以此衆耳而衆人亦安能知吾之所以勝乎故曰人皆知我所以勝之形而莫知吾所以制勝之形故一勝不

復再勝以吾之所以應形而制勝者其妙未有窮極也制勝之妙虛虛之術致人之巧至於形聲俱無矣又孰能致我乎故形人而我無形致人而人不能致我則所以虛虛實實者亦已極矣故虛實之端制勝之將司敵之命也因敵制勝與因地制流等耳又豈有他巧耶以其自然故謂之神人自不神故形見勢露而卒爲我所致爲我所虛也嗚呼五行

妙解

解復字覺太深

之相勝四時之相推短長之相軋死生之相禪執一實以御百慮孰能知其故乎或曰戰勝不復復者復起之謂也必有失而後有復若顏子不遠之復是也夫顏子之學可以言不遠之復耳若大軍一動則生死存亡繫之可以言失而後復耶故唯善應形於無窮者不復有失故亦不復有復也

參考

太宗曰策之而知得失之計作之而知動靜之理形之而知死生之地角之而知有餘不足之處此則奇正在我虛實在敵歟靖曰奇正者所以致敵之虛實也敵實則我必以正敵虛則我必爲奇苟將不知奇正則雖知敵虛實安能致之哉臣奉詔但教諸將以奇正然後虛實自知焉太宗曰以奇爲正者敵意其奇則吾正擊之以正爲奇者敵意其正則

致人而不致于人是真能奇必真能虚實

好一道策問

吾奇擊之使敵勢常虛我勢常實當以此法授諸將使易曉爾靖曰千章萬句不出乎致人而不致於人而已臣當以此教諸將

李卓吾曰軍形篇言勝可知而不可爲以能爲不可勝而不能使敵之必可勝故也今虛實篇中又曰勝可爲者何哉作戰篇言知兵之將民之司命今篇中又曰能爲敵之司命又何哉蓋能爲民之司命是以能先爲吾之

不可勝。能爲敵之司命。是以又能爲敵之必可勝也。

○二四

王鳳洲曰此言兩壘相交矢石決勝之際迂為直患為利之難未以用衆用兵足之其法乃倫

袁了凡曰兩軍爭利而危在所謂難也先言爭之難即是法矣後言爭之法結之以勿向勿

軍爭第七

孫子曰凡用兵之法將受命於君合軍聚衆交和而舍莫難於軍爭軍爭之難者以迂爲直以患爲利故迂其途而誘之以利後人發先人至此知迂直之計者也軍爭爲利衆爭爲危舉軍而爭利則不及委軍而爭利則輜重捐是故卷甲而趨日夜不處倍道兼行百里而爭利則擒三將軍勁者先疲者後其法十一而至五十里

一篇之骨

此至

不能得地利皆承衆爭為危句

攻勿追等語終難之也

以上言軍爭之難

孫子參同

而爭利則蹶上將軍其法半至三十里而爭利則三分之二至是故軍無輜重則亡無糧食則亡無委積則亡故不知諸侯之謀者不能豫交不知山林險阻沮澤之形者不能行軍不用鄉導者不能得地利故兵以詐立以利動以分合爲變者也故其疾如風其徐如林侵掠如火不動如山難知如陰動如雷霆掠鄉分衆廓地分利懸權而動先知迂直之計者勝此軍爭之法

以下言軍爭之法

七引七釋申明法字

也軍政曰言不相聞故爲之金鼓視不相見故爲之旌旗夫金鼓旌旗者所以一人之耳目也人既專一則勇者不得獨進怯者不得獨退此用衆之法也故夜戰多火鼓晝戰多旌旗所以變人之耳目也三軍可奪氣將軍可奪心是故朝氣鋭晝氣惰暮氣歸善用兵者避其鋭氣擊其惰歸此治氣者也以治待亂以靜待譁此治心者也以近待遠以佚待勞以飽待饑此治力

此至治變者也皆引軍政之言

（朱批：正言法字以結上文）

者也無邀正正之旗勿擊堂堂之陳此治變者也故用兵之法高陵勿向背丘勿逆佯北勿從

（朱批：此所謂迂直之計懸权而動者）

銳卒勿攻餌兵勿食歸師勿遏圍師必闕窮寇勿追此用兵之法也

交和而舍軍門爲和門者言和於國和於軍和於陣和於戰然後可決勝也

莫難於軍爭言合軍聚衆交合而舍皆有舊制惟軍爭則難苟不知變迂曲爲近直轉患害爲便利則不與敵爭此軍爭之難能也

故迂其途而誘之以利後人發先人至如趙奢救

軍爭之利

軍爭之難在此二患

關與去國三十里而軍畱二十八日不行復益增壘是迂其途而誘之以利也卷甲而趨一日一夜至關與據北山是後發而先至也

舉軍而爭利則不及委軍而爭利則輜重捐舉全軍而與人爭利則行緩而不能及如符堅以百萬衆與晉爭是也委棄大軍而與人爭利則輜重捐如龐涓棄其步軍率輕銳倍日并行與齊爭是也

百里而爭利則擒三將軍奔馳力盡則我勞彼佚若敵知其情邀而擊之必被擒矣三將軍者三軍之帥也魏武逐劉先主一日一夜行三百里諸葛亮曰強弩之末不能穿魯縞是以有赤壁之敗秦師襲鄭三帥爲晉所擒是也

三十里而爭利則三分之二至全軍而往勁者在先疲者在後力不齊而爲敵所乘唐太宗征宋金剛一日一夜行二百餘里太宗不觧甲三日不食二日猶能取勝者何蓋是時金剛既敗衆心已阻迫之則河東易平緩之則别生他計故兵有形同而事異者不可執一也

無輜重則亡無委積則亡袁紹有十萬之衆魏武用荀攸計焚其輜重敗之於官渡漢赤眉百萬衆無食而君臣面縛宜陽漢高無關中光武無河内魏武無兖州皆身北軍遁不能復振

不用鄉導者不能得地利用彼處鄉人引導若吳伐魯鄫人導

疑兵

之以克武城張騫使大夏導知水草軍無飢渴得地利者也

故夜戰多火鼓晝戰多旌旗所以變人之耳目也天寶末李光弼以四百騎趨河陽多列火炬首尾不息史思明數萬之衆不敢逼宋時張齊賢守代契丹兵薄城下齊賢中夜遣兵由城南持幟然炬虜見謂并師至駭而北走齊賢伏兵播擊大破之是變亂以火鼓也後漢臧宫攻延岑多張旗幟登山鼓譟右步左騎夾船而引呼聲動山谷岑望之震恐宫因縱擊大破之春秋時晉伐齊使司馬斥山澤之險雖所不至必旆而疏陳之齊侯畏而脱歸是變亂以旌旗也

三軍可奪氣魯與齊戰齊人三鼓而曹劌方鼓之齊師敗績劌曰戰勇氣也

一鼓作氣再而衰三而竭彼竭我盈故克之此陳久人倦而奪其氣者也寇恂令士卒乘城鼓譟大呼佯言曰劉公兵到蘇茂軍聞之陳動恂因奔擊大破之此以聲勢而奪其氣者也薛仁貴領兵擊突厥元珍於雲州突厥問曰唐帥爲誰曰薛仁貴突厥曰吾聞薛將軍流象州死矣安得復生仁貴脫兜鍪見之突厥相見失色下馬羅拜遁去此又以威名而奪其氣者也

將軍可奪心 後燕慕容垂遣子寶伐魏時垂已有疾後到五原魏斷其來路父子間絕乃詭其行人之辭令臨河告之曰父已死何不遽還寶兄弟聞之憂懼而去戰國時燕將保聊城魯仲爲書以遺之燕將自殺漢末王允謀董卓而憚呂布用貂蟬計以

三計皆妙

奪其心布遂殺卓。

擊其惰歸。 唐太宗與竇建德戰於汜水東建德列陳數里太宗謂諸將曰賊逼城而陳有輕我心當按兵不出待敵氣衰陳久卒饑必將自退退而擊之何往不克建德列陳自卯至午兵士饑倦列坐又爭飲水太宗曰可擊矣遂勒兵與戰生擒建德司馬法曰新氣勝是也

高陵勿向背丘勿逆 敵據高而陳則人馬之馳逐矢石之施發彼順我逆不可仰而攻之敵倚丘山下來求戰不可迎而與戰諸葛亮曰山陵之戰不仰其高從高而來不可迎之勢不順也引至平地然後合戰

佯北勿從韓信斬龍且子儀虜慶緒皆佯北也惟其從之是以取敗

銳卒勿攻蜀先主率大衆伐吳陸遜曰蜀兵東至銳氣正盛難以卒攻攻之縱下亦難盡克若有不利損我必大相持八月火攻拔之唐太宗討劉武周江夏王道宗曰賊鋒不可當易以計屈深溝高壘以挫其銳烏合之衆莫能久持糧盡力竭自當離散可不戰而擒也後果然

餌兵勿食李牧大縱畜牧人衆滿野匈奴小入佯北以數千人委之單于大喜率衆來入牧設伏大破之斬其十萬騎匈奴大震十餘歲不犯邊

歸師勿遏人懷歸心則人自爲戰故不可遏曹操謂荀彧曰虜遏吾歸師與吾

擊一得二妙計

死地是以知勝

圍師必闕開其一角示之生路使不堅戰也如曹公圍壺關下令曰城破皆坑之連月不能下曹仁曰圍城必示之活門所以開其生路也今公告之必死將人自爲守攻之則士卒傷持之則頓兵堅城之下非計也公從之衆遂出降漢耿弇討張步步將費邑守鍾城祝阿弇先擊祝阿城拔開圍一角放其衆奔鍾城鍾城人聞祝阿巳潰大恐空壁亡去

窮寇勿追吳伐楚楚師敗走闔閭復擊之夫槩王曰困獸猶闘况人乎若知不免而致死必敗我趙充國討先零羌先零棄輜重欲渡湟水充國曰窮寇也不可迫緩之

釋交和明白

則走不顧急之則還致死虜果赴水沉溺數萬因大破之

魏武帝曰合軍聚衆聚國人結行伍選部曲起營陣也交和而舍軍門爲和門左右爲旗門以車爲營曰轅門以人爲營曰人門兩軍相對爲交和也莫難于軍爭從始受命至于交和軍爭爲難也以迂爲直以患爲利示以遠近其道里先敵至也迂其途者示之遠也先人至明于度數先知遠近之計也軍爭爲

軍爭本以為利舉軍爭之則危所謂善不善也

利衆爭爲危善者則以利不善者則以危也不知諸侯之謀不知敵情者不能結交也山林險阻沮澤坑塹爲險一高一下爲阻水草漸洳爲沮衆水所歸而不流爲澤以分合爲變一分一合以敵爲變也其疾如風擊空虛也其徐如林不見利也如火疾也如山守也掠鄉分衆因敵制勝也廓地分利廣地以分敵利也懸權而動量敵而動也正正整齊也

此與王圻註同

堂堂尊大也圍師必闕司馬法曰圍其三面缺其一面所以示生路也　李卓吾曰軍爭即九地篇所謂爭地則無攻是也兩軍爭地故軍爭爲難何也軍爭本以爲利非以爲危也而衆爭皆不免于爲危耳故舉軍而爭利則擒三將軍而蹶上將軍雖所爭在三十里之遠不能也若弃軍以爭之則無食必亡矣故必先知迂直之計而後可以爭地而取勝

串迂直妙

呼應危字

也然非知諸侯之謀知山林險阻等之地形知用鄉導而識地利又何以爲迂直之計乎故戒以一耳目而治氣治心又且治力治變種種不可向不可逆不可攻者厥數以至于八夫然後所以知迂直者計有餘矣不然豈不危哉或曰蹶上將軍者上軍先至故蹶上將也輜重者隨行衣甲器械也委積者貯積器物也無此三者安得不亡委軍爭利之害

又可見矣

參考

卓吾子曰兵以分合爲變故有治變之法又曰三軍可奪氣故又有治氣治力之法今具如左

太宗曰分合爲變者奇正安在靖曰善用兵者無不正無不奇使敵莫測故正亦勝奇亦勝三軍之士止知其勝莫知其所以勝非變

吳乃孫之高足非鴈行也

定論

而能通安能至是哉分合所出唯孫武能之吳起而下莫可及焉太宗曰吳術若何靖曰臣請略言之魏武侯問吳起兩軍相向起曰使賤而勇者前擊鋒始交而北北而勿罰觀敵進取一坐一起奔北不追則敵有謀矣若悉不追北行止縱橫此敵人不才擊之勿疑臣謂吳術大率多此類非孫武所謂以正合也

兵以分合爲變不能分合不知变矣何以取勝

○太宗曰兵有分有聚各貴適宜前代事迹孰爲善此者靖曰符堅總百萬之衆而敗於淝水此兵能合不能分之所致也吳漢討公孫述與副將劉尚分屯相去二十里述來攻漢尚出合擊大破之此兵分而能合之所致也太公云分不分爲縻軍聚不聚爲孤旅

右分合

○太宗曰孫子言三軍可奪氣之法朝氣銳晝

論氣入理

玄解

氣惰暮氣歸善用兵者避其銳氣擊其惰歸如何靖曰夫含生稟血鼓作鬬爭雖死不省者氣使然也故用兵之法必先察吾士衆激吾勝氣乃可以擊敵焉吳起四機以氣機爲上無他道也能使人人自鬬則其銳莫當所謂朝氣銳者非限時刻而言也舉一日始末爲喻也凡三鼓而敵不衰不竭則安能必使之惰歸哉蓋學者徒誦空文而爲敵所誘苟

妙人

悟奪之之理則兵可任矣

右奪氣

太宗曰朕置瑤池都督以隸安西都護蕃漢之兵如何處置靖曰天之生人本無蕃漢之别然地遠荒漠必以射獵而生由此常習戰鬬若我恩信撫之衣食周之則皆漢人矣陛下置此都護臣請收漢戍卒處之内地減省糧饋兵家所謂治力之法也但擇漢吏有熟

戍邊妙計可法可傳

蕃情者散守堡障此足以經久或遇有警則漢卒出焉

右治力

王鳳洲曰變其正得其所用有九可以知武子之兵專用奇勝袁了凡曰兵体萬变何以於九九者對一而言不必實指九事按王晳張預二註皆不認然九件九变不過因地因人得地之利得人之

九變第八

蘇老泉曰九者數之極變者兵之用

孫子曰凡用兵之法將受命於君合軍聚衆圮地無舍衢地合交絕地無留圍地則謀死地則戰途有所不由軍有所不擊城有所不攻地有所不爭君命有所不受故將通於九變之利者知用兵矣將不通九變之利雖知地形不能得地之利矣治兵不知九變之術雖知五利不能得人之用矣是故智者之慮必雜於利害雜於

一地也有此几様

地之外又有那様变之大畧可見矣

正是受命

上五地形

五地之利

用二句盡之

此是得也之利得人之用者

此是不得也利不得人之用者

能察則能變矣

利而務可信也雜於害而患可解也是故屈諸侯者以害役諸侯者以業趨諸侯者以利故用兵之法無恃其不來恃吾有以待之無恃其不攻恃吾有所不可攻也故將有五危必死可殺必生可虜忿速可侮廉潔可辱愛民可煩凡此五者將之過也用兵之災也覆軍殺將必以五危不可不察也

塗有所不由周亞夫征吳楚欲經崤澠而東趙涉遮說曰吳王素富懷輯死

一得一失

引事詳明

士久矣知將軍且行必置間人於崤澠險阻之間何不從此右去走藍田出武關抵洛陽不過差一二日諸侯聞之以為將軍從天而下也亞夫從之使人索崤澠間果得吳伏兵馬援討武陵蠻有兩道可入從壺頭則路近而水險從充道則路夷而運遠援竟進壺頭賊衆乘高守隘水疾而船不上會暑濕士多疫死援亦疾亡

軍有所不擊如陸遜不擊吳班是知其有巧而不擊者也唐太宗不擊薛仁杲是避其銳而不擊者也周亞夫不擊吳楚是待其疲而勿擊者也李牧不擊匈奴是誘其來而不擊者也宋慕容延釗假道征荊南是招其生降而不擊者也春秋時晉楚相持士會曰楚人德刑政事典禮不易不可擊此又以我曲彼直我弱彼強而不擊者也

城有所不攻 春秋時士匄請伐逼陽荀瑩曰城小而固拔之未足爲武弗服則挫我兵勢是也宋順帝時沈攸之反軍至郢城功曹臧寅以爲攻守異勢非旬日所拔若不時舉挫鋭殞威今順流長驅計日可捷旣傾根本則郢城豈能自固攸之不從盡鋭攻之不克衆潰入林自縊後周武帝欲出河陽以伐齊宇文弢進曰河陽要衝精兵所聚盡力攻之恐難得志如臣所見彼汾之曲戍少山平攻之易拔帝不納師竟無功復大舉伐齊卒用弢計以滅齊

地有所不爭 吳伐齊子胥諫曰越在我心腹之疾也得志於齊猶獲石田也東晉陶侃鎭武昌北岸有邾城議者欲分兵鎭之侃曰邾城隔在江北内無所倚外接羣

達見堪法

妙人

夷夷中利深晉人貪利夷不堪命必引寇虜乃致禍之由且守之亦無益於江南若羯虜有可乘之會此又其所資也後庾亮戍之果大敗

君命有所不受如穰苴斬莊賈魏絳戮楊干是也漢文帝時周亞夫屯軍細柳上勞軍先驅不得入都尉曰軍中但有將軍令不聞天子詔

雜於利而務可信也信伸也言我欲取利於敵人不可但見取之之利先須以敵人害我之事參雜而計量之然後我所務之利乃可信行也如鄭師克蔡國人皆喜惟子產懼曰小國無文德而有武功禍莫大焉後楚果伐鄭此是在利思害也

雜於害而患可解也我欲解敵人害我之患先以我能勝敵之利參

雜計量之如張方入洛陽連戰皆敗或勸方夜遁方曰兵之利鈍是常貴因敗以爲成耳夜潛進逼敵遂克捷晉將符彥卿爲戎人所圍中野乏水軍人鑿井取泥衣絞而吮之人馬渴死甚衆彥卿曰與其束手就擒曷若以身殉國乃率勁騎出擊會大風揚塵乘勢決戰戎人大潰此是在害思利也

是故屈諸侯者以害多方害之使之屈折或間之使君臣相疑韋孝寛間斛律光陳平間范增是也或勞之使士民失業高熲平陳之計子胥三師肄楚是也或以淫樂變其政令蘇秦説齊高宮室大苑囿欲以敝齊而爲燕是也或引致其林智斷其手足離其腹心岳飛破楊幺先招降黃佐等是也或蠱之以美色犁鉏以女樂遺魯越

鑿渠一時之勞渠成萬世之利秦反益富

以西施禍吳是也

役諸侯者以業以事業勞役敝人也若晉楚事之遂無寧日韓畏秦強說使鑿渠以分其力秦欲入蜀誘使通劒閣棧道以取金牛之類是也

趨諸侯者以利動之以利使之必趨如曹公西征馬超公自潼關北渡未濟超急至公放牛馬以餌衆衆亂取牛馬公得渡後魏伐北狄于謹单騎入賊中示以恩信也列河等並款附相率南遷謹曰彼六汗拔陵兵衆聞也列河歸附必來邀擊今以也列河餌之拔陵果來擊破也列河謹發伏兵大敗拔陵

虞殯送喪詞

必死可殺　漢賈復與五校戰傷甚光武曰賈復有折衝千里之威我之不令復別將者爲其輕敵也果然失吾名將魯會吳子伐齊齊將國書閭丘明公孫夏相誡曰吾子必死歌虞殯以行東郭書曰吾三戰必死遺其友以琴曰吾不復見子矣陳書曰此行也吾聞鼓而已不聞金也戰於艾陵齊師大敗五將皆俘焉

必生可虜　晉將劉裕追桓玄戰於崢嶸洲玄兵甚盛而玄懼有敗漾輕舸於舫側故其衆莫有鬭心遂大敗晉楚相攻晉將趙嬰齊令其徒先具舟於河欲敗而先濟是以致潰

忿速可侮　忿剛怒也速褊急也姚襄攻黃落秦將黃眉鄧羌討之襄深溝高壘

主瞀曰逸詩云九變復貫不知曹公以何爲九

周守不戰鄧羌謂黃眉曰襄性剛狠若長驅鼓行直壓其壘必奮而出戰襄果怒出爲眉所斬楚子使申舟聘於齊曰無假道於宋宋人曰過我而不假道鄙我也鄙我亡也殺其使者必伐我伐我亦亡也遂殺申舟楚子聞之投袂而起屨及於窒皇劍及於寢門之外車及於蒲胥之市發兵圍宋卒歲無功

魏武帝曰九變者變其正得其所用有九也圮地無舍水毀曰圮無所依也衢地合交四通之地結諸侯也絕地無留無久止也圍地則謀發奇謀也死地則戰殊死戰也途有所

入徐州亦是不得已

不由臨難之地所不當從也軍有所不擊軍雖可擊以地險難留之失前利若得之則利薄困窮之兵必死戰也城有所不攻城雖小而國糧饒不可攻操所以置華費而深入徐州得十四縣也雖知五利謂下五事雜於利害在利思害在害思利也必死可殺勇無慮也忿速可侮忿急之人可怒侮而致之廉潔可辱廉潔之人可以汙辱致之愛民可煩出

其所必趨愛民者必倍道兼行以救之則煩勞也　李卓吾曰九變之中又自有奇正也圮地無舍水毀之地無所依止不待言矣惟有衢地則宜合交絕地則無久止圍地則發奇謀死地則殊死戰此四者勢之不得不變也賢將之所易知也若夫所其由之途而有時變之不由所可擊之軍而有時變之不擊所可攻之城與所必爭之地而有時咸變而

以上論九變中之正

以上論變中之奇

亞夫之死當不在讒人之口而在於先軍細柳時

不肯攻不屑爭則奇之奇賢將之所未易知也然此猶其易焉者也至於君命有所不受則變之大矣此非置身於死生之外而直以國事爲重三軍爲急者孰能當之哉故非但可以語賢將語智將而已也如周亞夫之受詔救梁卒以不受詔而平七國之難亦卒以不救梁而死於讒毀之口者可以觀矣合而言之九變之利爲將者皆所宜盡心也若不

五利五危問不容髮

通九變之利則雖知地形亦不能得地之利也雖知下文五利亦不能得人之用也何謂五利蓋利害常相雜唯智者能知之耳利中有害在害思利則爲五利害中有利在利而不思害則爲五危可不雜思之乎

參考

九變曰圍地則謀

武王曰敵人圍我斷我前路絶我糧道爲之

四武衝陣以武士結爲四陣併力衝之也

柰何太公曰此天下之困兵也暴用之則勝徐用之則敗如此者爲四武衝陳以武車驍騎驚亂其軍而疾擊之可以横行武王曰若已出圍地欲因以爲勝爲之柰何太公曰左軍疾左右軍疾右無與敵人爭道中軍迭前迭後敵人雖衆其將可走

武王曰引兵深入諸侯之地敵人四合而圍我斷我歸路絕我糧食敵人既衆糧食甚多

妙在以治待亂以靜待譁

險阻又固我欲必出爲之柰何太公曰必出之道器械爲寶勇鬬爲首審知敵人空虛之地無人之處可以必出將士人持玄旗操器械設銜枚夜出勇力飛走冒將之士居前平壘爲軍開導材士強弩爲伏兵居後弱卒車騎居中陳畢徐行愼無驚駭以武衝扶胥前後拒守武翼大櫓以備左右敵人若驚勇力冒將之士疾擊而前弱卒車騎以屬其後材

變容為主之法

妙

士強弩隱伏而處審候敵人追我伏兵疾擊其後多其火鼓若從地出若從天下三軍勇鬬莫我能禦武王曰前有大水廣塹深坑我欲踰渡無舟楫之備敵人屯壘限我軍前塞我歸道斥候常戒險塞盡守車騎要我前勇士擊我後爲之柰何太公曰大水廣塹深坑敵人所不守或能守之其卒必寡若此者以飛江轉關與天潢以濟吾軍勇力材士隨我

以示必死

怵中自間

所指衝敵絕陳皆致其死先燔吾輜重燒吾糧食明告吏士勇鬭則生不勇則死已出令我踵軍設雲火遠候必依草木丘墓險阻敵人車騎必不敢遠追長驅因以火爲記先出者至火而止爲四武衝陳如此則吾三軍皆精銳勇鬭莫我能止

蘇老泉曰篇中皆論處軍相敵之事處軍即行軍也相敵相敵之虛實動靜也王鳳洲曰前論地形後察敵情表了凡曰處分我軍相机而動行在其中矣

行軍第九

孫子曰凡處軍相敵絕山依谷視生處高戰隆無登此處山之軍也絕水必遠水客絕水而來勿迎之於水內令半渡而擊之利欲戰者無附於水而迎客視生處高無迎水流此處水上之軍也絕斥澤唯亟去無留若交軍於斥澤之中必依水草而背衆樹此處斥澤之軍也平陸處易右背高前死後生此處平陸之軍也凡此四

王鳳洲曰觀兵之利地之助則漢李將軍之行無部曲行陳就善水草頓舍其不覆亡非幸耶

袁了凡曰以上是處軍

軍之利黃帝之所以勝四帝也凡軍好高而惡下貴陽而賤陰養生處實軍無百疾是謂必勝丘陵隄防必處其陽而右背之此兵之利地之助也上雨水沫至欲涉者待其定也凡地有絕澗天井天牢天羅天陷天隙必亟去之勿近也吾遠之敵近之吾迎之敵背之軍旁有險阻潢井蒹葭林木蘙薈者必謹覆索之此伏姦之所也近而靜者恃其險也遠而挑戰者欲人之進

敵情不可覩必有形見乎外察其形則知其隱微之情此三十二者是也

也其所居易者利也衆樹衆者來也衆草多障者疑也鳥起者伏也獸駭者覆也塵高而銳者車來也卑而廣者徒來也散而條達者樵採也少而往來者營軍也辭卑而益備者進也辭強而進驅者退也輕車先出居其側者陳也無約而請和者謀也奔走而陳兵者期也半進半退者誘也杖而立者饑也汲而先飲者渴也見利而不進者勞也鳥集者虛也夜呼者恐也軍擾

袁了凡曰此段是相敵

者將不重也旌旗動者亂也吏怒者倦也殺馬食肉者軍無糧也懸鉼不返其舍者窮寇也諄諄翕翕徐與人言者失衆也數賞者窘也數罰者困也先暴而後畏其衆者不精之至也來委謝者欲休息也兵怒而相迎久而不合又不相去必謹察之兵非貴益多惟無武進足以併力料敵取人而已夫唯無慮而易敵者必擒於人卒未親附而罰之則不服不服則難用卒已親

表了几日以渴衆終焉

附而罸不行則不可用故令之以文齊之以武是謂必取令素行以教其民則民服令不素行以教其民則民不服令素行者與衆相得也

絕山依谷經過山險必依附溪谷而居一則利水草一則負險固但不可當大谷之口而居也如馬援討武都羌據其便地奪其水草不與之戰羌衆窮困悉降彼不知依谷之利故也

視生處高戰隆無登相視生地而處其高陽若敵先據隆高之處不可登而迎之與戰

妙策

絕水必遠水 軍行過水欲舍止者必去水稍遠一則引敵使渡一則使我進退無碍如魏將郭淮在漢中劉昭烈欲渡漢水來攻諸將以衆寡不敵欲依水爲陣以拒之淮曰此則示弱而不足以挫敵非算也不如遠水爲陣引而致之半濟而後擊備可破也昭烈遂不渡

令半渡而擊之利 吳伐楚楚師敗及清發將擊之夫槩王曰困獸猶鬬况人乎彼知不免而致死必敗我若使先濟者知免後者慕之蔑有鬬心矣半濟而後可擊也再敗之竇建德寇范陽薛萬均曰衆寡不敵若出鬬百戰百敗令羸兵弱馬阻水背城爲陣以誘之精騎百人伏於城側待其半渡行列未定首尾不接擊之必勝果破建德

欲戰者無附水而迎客我欲與戰敵無近水而迎敵恐敵不肯渡也我若不欲戰則當阻水拒之使敵不能濟若晋將陽處父與楚軍夾泜水而軍處父退舍欲使楚人渡楚人亦退舍欲令晋師渡遂不戰而歸是皆知此術也

視生處高無迎水流相視生地而處其高陽無迎水之下流地卑下決水可灌水下流戰有不便兼慮敵投毒於上流如司馬子魚卜戰不吉子魚曰我得上流何故不吉遂決戰是軍必欲處其上流也魏曹仁征吳欲攻濡須洲中蔣濟曰賊據西岸列船上流而兵入洲中是自内地獄危亡之道也仁不從而敗

絶斥澤唯亟去勿畱地氣濕潤水草薄惡不可以居斥鹵醎地也東

淊胡感反水泥也他本作陷者誤

方謂斥西方謂鹵

養生處實軍無百疾諸葛孔明伐魏屯兵渭南曹操伐吳馬援征蠻士衆疾疫此失養生處實之道也

絕澗天井天牢天羅天淊天隙溪谷深峻不可過者爲絕澗外高中下衆水所歸爲天井山險環繞所入者隘爲天牢林木縱橫葭葦隱蔽爲天羅陂池泥濘漸車凝騎爲天淊道路狹迫地多坑坎爲天隙

其所居易者利也其軍居平易之地是以利便誘我往擊也如劉昭烈遣吳班將數千人於平地立營欲與陸遜戰遜知其有巧不擊是也

辭卑而益備者進也田单守卽墨燕將騎劫圍之单身操版插與士卒分功使妻妾編行伍之間散食饗士乃使女子乘城約降燕人大喜又收民金千鎰令富豪遺使遺燕將書曰城降之日願無虜妻妾燕人益懈单乃潛收火牛出戰示人以勇進是脅我而

辭強而進驅者退也潛遁也如吳晉爭長未定越襲吳吳王令大夫而謀曰無會而歸與而而先晉孰利王孫雄曰必會而先之乃以帶甲三萬去晉軍一里而軍聲動天地謂晉君曰孤之事君在今日不得事君亦在今日董褐曰吳王之色類有大憂吳將毒我不可與戰乃許先歃吳王既會遂亟還又如秦晉相拒秦行人夜戒晉師曰兩軍之士皆未憖也明日請相見臾駢曰使者目動而言肆其

夷狄無信

是二心人

懼我也秦果夜遁

無約而請和者謀也

漢王欲伐秦使酈食其持重寶啗秦將賈孺孺欲和漢王因其怠而擊之晉將李矩守滎陽劉暢以三萬人擊之矩遣使奉牛酒詐降潛其精兵見其弱卒暢大饗士卒皆醉矩夜襲敗之石勒之破王浚也先寄為和好又臣服于浚乃請修朝覲之禮浚不疑而許之及入因誅浚而滅之貞元三年吐蕃首領尚結贊詐與侍中馬燧款懇因奏請盟會河中節度使渾瑊奏曰若國家勒兵境上以謀伐為計蕃戎請盟亦聽信之今吐蕃無所求於國家遽請盟會必恐不實上不納吐蕃果衷甲刼盟焉

最難

鳥集者虛也 楚伐鄭鄭人將奔諜告曰楚幙有烏楚兵去矣晉伐齊叔向曰城上有烏齊師遁矣後周齊王憲伐高齊將班師乃以栢葉爲幕燒糞穰去高齊視之三日始知其空營追之不及故敵大作營壘而烏集其上是空營也

軍擾者將不重也 將能持重軍不擾亂如周亞夫軍中夜驚亂至帳下亞夫堅臥不起俄頃自定張遼屯軍長社夜軍中忽亂遼曰是必有造變者欲以動亂人耳乃中陳而立戒左右勿得妄動須臾即定

懸缻不返其舍者窮寇也 缻炊器也懸缻於外示不復炊暴露於外不復返舍欲決一戰也如楚師破釜孟明焚舟之類

如此者多

惟無武進晉師救鄭及河聞鄭既及楚平荀林父曰無及於鄭而勦民焉用之將還先縠曰不可晉所以霸師武臣力也今失諸侯不可謂力有敵而不從不可謂武由我失霸不如死且成師以出聞敵強而退非夫也命為軍帥而卒以非夫惟羣子能我弗為也獨以偏師濟遂敗李陵善騎射帝使與二師擊匈奴陵願以五千人自當一隊戰敗降匈奴皆失之武進也

無慮而易敵齊與晉戰齊侯曰吾姑翦此而朝食不介馬而馳之為晉所敗是易敵而武進者也

卒未親附而罰之則不服韓信曰我非素得拊循士大夫所謂

妙算

霸而王

得衆之難如此

驅市人而戰也所以使之背水令其人人自戰耳田穰苴曰臣素卑賤士卒未附是也

令素行者與衆相得也

晉文公始入國教其民二年欲用之子犯曰民未知義未安其居此言欲令民不苟其生也於是出定襄王此言示以事君之大義入務利民民懷生矣又將用之子犯曰民未知信未宣其用於是伐原以示之信此言在往年伐原不貪其利而守其信民易貧者不求豐焉此言民無貪詐也明徵其辭公曰可矣子犯曰民未知禮未生其恭於是大蒐以示之禮及戰之時少長知禮其可用也此五者教人之本也夫令要在先申法要在必行然後可以與衆相得也諸葛亮與魏軍戰以寡對衆卒有當代者不留而遣之曰信不可失人人願留一戰大破魏兵

較他篇更妥當

魏武帝曰行軍擇便利而行也絕山依谷近水草便利也視生處高生陽也戰隆無登無迎高也絕水必遠水引敵使渡也令半渡而擊之利半渡勢不併攻可敗也無附於水附近也視生處高水上當處其高前向水後依高而處也無迎水流恐溉我也平陸處易車騎之利也前死後生戰便也養生處實恃實滿向水草放牧也待其定恐半渡而水遽漲

的確

也凡山水深大者為絕澗四方高中央下者為天井深山所過若蒙籠者為天牢可以羅絕人者為天羅地形淊者為天淊澗道迫狹深數丈者為天隙險者一高一下之地也阻者多水也潢者池也井者下也蒹葭者衆草所聚也林木者衆木所居也翳薈者可以屏蔽之處也此以上論地形以下相敵情也衆樹動斬伐樹木除道也衆草多障結草為障

欲使我疑也伏下有伏兵也覆敵廣陳張翼來覆我也辭卑而益備者其使來辭卑使間視之敵人皆備也辭強而進驅者設詐也陳陳兵欲戰也勞士卒勤勞也軍士夜呼將不勇也諄諄語貌諭諭失志貌先暴而後畏其衆先輕敵後聞其衆心惡之也必謹察備其伏也兵非貴益多權力均也唯無武進未見便也足以併力㪺養足也　李卓吾曰行軍

語簡而盡

牧野之師只三千人惟一心

之道察地形識敵情服士卒而已或曰所居易者不依險阻而居平易之地欲以利誘我也

參考

尉繚子曰誅一人無失刑父不敢舍子子不敢舍父況國人乎一賊仗劍擊於市萬人無不避之者臣謂非一人之獨勇萬人皆不肖也何則必死與必生固不侔也聽臣之術足

有名無實承平惰窳之獘大都坐此唐之天寶宋之靖康皆束手潰亡

使三軍之衆爲一死賊莫當其前莫隨其後而能獨出獨入焉獨出獨入者王霸之兵也

○尉繚子曰軍之利害在國之名實今名在官而實在家官不得其實家不得其名聚卒爲軍有空名而無實外不足以禦敵内不足以守國此軍之所以不給將之所以奪威也今以法止逃歸禁亡軍是兵之一勝也什伍相聯及戰鬬則卒吏相救是兵之二勝也將能

以殺爲威，最下策，終非孫子本意

立威卒能節制，號令明信，攻守皆得，是兵之三勝也。臣聞古之善用兵者，能殺士卒之半，其次殺其十三，其下殺其十一。能殺其半者，威加海内；殺十三者，力加諸侯；殺十一者，令行士卒。故曰：百萬之衆不用命，不如萬人之鬭也；萬人之鬭，不如百人之奮也。賞如日月，信如四時，令如斧鉞，制如干將，士卒不用命者，未之聞也。

勝敗全在乎將豈在刑法哉人心即天意

太宗曰嚴刑峻法使人畏我而不畏敵朕甚惑之昔光武以孤軍當王莽百萬之衆非有刑法臨之此何由乎靖曰兵家勝敗情狀萬殊不可以一事推也如陳勝吳廣敗秦師豈勝廣刑法能加於秦乎光武之起蓋順人心之怨莽也況又王尋王邑不曉兵法徒誇兵衆所以自敗臣按孫子曰卒未親附而罰之則不服已親附而罰不行則不可用此言凡

確論

妙

將先有愛結于士然後可以嚴刑也若愛未加而獨用峻法鮮克濟焉

太宗曰尚書言威克厥愛允濟愛克厥威允罔功何謂也靖曰愛設于先威設于後不可反是也若威加于前愛救于後無益于事矣尚書所以慎戒其終非所以作謀于始也故孫子之法萬代不刊

司馬法曰師多務威則民詘少威則民不勝

楊素處五代時只逞一時之权初不算設身之計

軍旅以舒爲主舒則民力足

右刑罰

卓吾子曰卒未親附而罰之則不服不服則難用卒巳親附而罰不行則不可用故令之以文齊之以武然則行罰者武也必先使吾士卒親附者文也此非行軍篇中要語乎若尉繚子所云是或一道耳後世唯楊素專用尉繚子取勝恐非萬世通行之道王者之師

必須參之司馬法李衛公并吳起告魏武侯之語乃是孫子正法也吳語集在始計篇後學者尤宜參考之無忽

尉繚子曰兵以武爲植以文爲種武爲表文爲裏能審此二者知勝敗矣文所以視利害辨安危武所以犯強敵力攻守也專一則勝離散則敗

右文武

孫子參同卷四終

王鳳洲曰欲戰先審地形以主勝前所論山水斥澤平陸未盡故又以通掛支隘險遠為將之至任不可不察

表了凡曰地有六形兵有六敗先兩起文平意串末段發明之總不出地形者兵之助句意

孫子參同卷五

地形第十

蘇老泉曰此篇與九變篇互相發

孫子曰地形有通者有掛者有支者有隘者有險者有遠者我可以往彼可以來曰通通形者先居高陽利糧道以戰則利可以往難以返曰掛掛形者敵無備出而勝之敵若有備出而不勝難以返不利我出而不利彼出而不利曰支支形者敵雖利我我無出也引而去之令敵半

得地之利尤必得人之用故述兵形

非天地之災見地形必隨人為利害

出而擊之利隘形者我先居之必盈之以待敵若敵先居之盈而勿從不盈而從之險形者我先居之必居高陽以待敵若敵先居之引而去之勿從也遠形者勢均難以挑戰戰而不利凡此六者地之道也將之至任不可不察也故兵有走者有弛者有陷者有崩者有亂者有北者凡此六者非天地之災將之過也夫勢均以一擊十曰走卒強吏弱曰弛吏強卒弱曰陷大吏

總括一篇

知字應上察字道字應上地之道也敗之道也二句

怒而不服遇敵懟而自戰將不知其能曰崩將弱不嚴教道不明吏卒無常陳兵縱橫曰亂將不能料敵以少合衆以弱敵強兵無選鋒曰北凡此六者敗之道也將之至任不可不察也夫地形者兵之助也料敵致勝計險阨遠近上將之道也知此而用戰者必勝不知此而用戰者必敗故戰道必勝主曰無戰必戰可也戰道不勝主曰必戰無戰可也故進不求名退不避罪

此專爲兵有六敗言之應上將之過也句

應地形若兵之助句又揔結全篇

唯民是保而利於主國之寶也視卒如嬰兒故可與之赴深谿視卒如愛子故可與之俱死愛而不能令厚而不能使亂而不能治譬如驕子不可用也知吾卒之可以擊而不知敵之不可擊勝之半也知敵之可擊而不知吾卒之不可以擊勝之半也知敵之可擊知吾卒之可以擊而不知地形之不可以戰勝之半也故知兵者動而不迷舉而不窮故曰知彼知己勝乃不殆

知天知地勝乃可全

通形者先居高陽利糧道四通利戰之地先據高陽坐以致敵也亦慮敵不赴戰必使餉道無阻不爲敵所致也裴行儉討突厥際曉下營塹壘方周忽令移就崇岡是夜風雨暴至前設營所水深丈餘可見高陽不惟便戰亦免水患

掛形者敵無備出而勝之敵若有備出而不勝難以返險阻錯互與敵犬牙相制動有掛礙者必察之敵情無備一舉勝之敵不得復邀我歸路矣若其有備出而復克敵守險截我歸路我欲戰則不可留欲歸則不得返非所利也如韓信張耳擊趙李左車說成安君曰井陘之道車不得方軌騎不得

明白

成列願假臣兵三萬絕其輜重彼進不得戰退不得歸不旬日而兩將之頭可致麾下此有備之說也成安君不用其計韓信一戰破之則無備之驗也又如鄧艾破蜀山高谷深艾以氊自裹轉推而下將士皆攀木緣崖魚貫而進蜀竟無備遂破成都若其有備艾豈復有歸路也

支形甚確

支形者敵雖利我我無出也引而去之令敵半出而擊之利各守險固以相支持則先出者失險敵若設利誘我慎無出逐我當佯北引去誘其來追俟其半出行列未定擊之可也唐輔公佑僞將馮惠亮陳當世領水軍屯于博望山河間王孝恭率步騎軍于青州孝恭堅壁不戰出奇兵斷其粮

道縱羸兵以攻賊壘使盧祖尚率精騎列陣以待之俄而攻壘者敗走賊出追遇祖尚軍遂大敗

險形者我先居之險峻之地尤不可後人若敵已據則難與爭矣唐太宗先據武牢以待竇建德是也

遠形者勢均難以挑戰營壘相去既遠勢力又均若挑戰則我勞彼佚不可也如後周逼齊齊將段韶禦之時大雪之後周人以步卒為前鋒從西而下去城二里諸將欲逆擊之韶曰步人氣力勢自有限今積雪既厚逆戰非便不如陳以待之彼勞我佚破之必矣既而交戰周之前鋒盡殪

姬光之智大都類此

卒強吏弱曰弛 弛壞也長慶初命田布帥魏以伐王庭湊布長在魏魏人易之數萬人皆乘驢行營布不能禁居數月欲合戰兵士潰散

大吏怒而不服 大吏次將也晉伐秦荀偃行令曰鷄鳴而駕惟予馬首是瞻欒黶怒曰晉國之命未有是也遂棄而歸

將弱不嚴教道不明吏卒無常陳兵縱橫曰亂 楚薳越及諸侯之師救州來吳公子光曰楚師多寵政令不一七國同役而不同心帥賤而不能整無大威命楚可敗也楚師果敗

兵無選鋒曰北 凡戰必用精銳爲前鋒若齊之伎擊魏之武卒秦之銳士

一說

一真

漢有三河俠士劍客奇材吳謂之鮮須齊謂之決命唐謂之跳盪是也晉武時羌陷凉州司馬督馬隆募勇士三千腰引弩三十六鈞弓四鈞立標簡試軍西渡温水虜樹機能以萬衆遏隆隆依八陣法且戰且前弓矢所入皆應弦而倒謝玄北鎮廣陵劉牢之以驍勇應募百戰百勝號爲北府兵敵人畏之所向必克也

視卒如愛子 吳起與士卒最下者同衣食分勞苦有病疽者親爲吮之卒母哭曰往年吳公吮其父不旋踵而死于敵今復吮其子妾不知其死所矣漢光武破銅馬賊人心未安光武令各歸本營親勞慰之衆相謂曰蕭王推赤心置人腹中安得不投死乎

張預曰行師越境審地形而立勝故次行軍

注妙堪論

譬如驕子不可用也黄石公曰士卒可下而不可驕陰符經曰害生於恩故恩不可專用罰不可獨行專用恩則驕而不可使此曹公所以割髮而自刑卧龍所以垂泣而行戮楊素所以流血盈前而言笑自若李靖所以十殺其三使畏我而不畏敵也獨行罰則士不親附而不可用此勾踐所以投醪醉三軍楚子所以温言司挾纊吳起所以分衣食闔閭所以同勞佚也以此此觀之知善用恩威矣

魏武帝曰地形者欲戰先審地形以立勝也以戰則利寧致人無致于人也隘形者兩山之間通谷也敵勢不得撓戰我先居之必前

齊隘口陳而守之以出奇若敵先居此地齊口陳勿從也即半隘陳者從之而與敵共此利可矣險形者地險隘尤不可致於人也挑戰迎敵也走者不料力也弛者吏不能統卒故弛壞也陷者吏強欲進卒弱輒陷敗也大吏小將也崩者大將怒小將小將心不厭服忿而赴敵不量輕重則必崩壞也譬如驕子恩不可專施罰不可獨任也　李卓吾曰前

言爲將不通九變之利則雖知地形必不能得地之利故遂言行軍必先察地形而稱引四軍之利乃黄帝之所以勝四帝者然特泛言處山處水處斥澤與處平陸之軍耳未詳及通掛支隘險遠六地之形也故分别而詳著之以謂將之至任不可以不察焉嗟是走弛陷崩亂北六者乃將之過非地之災不可以歸咎於地形之不察也故復言地形爲兵

融會妙

之助唯料敵致勝之上將自能計遠近險阨而用戰必勝而終之以知彼知已知天知地焉知吾卒之可勝知敵之可以勝知彼知已也知卒之可勝知敵之可以勝又知吾地形之可以戰知天知地也將而知天知地也則其勝全矣故下篇遂言九地夫地形無不知然後運兵計謀爲不可測無所往而不得地之利也宜矣

谷戰即經文所謂隘形

參考

○武侯問曰左右高山地甚狹迫卒遇敵人擊之不敢去之不得爲之柰何起對曰此謂谷戰雖衆不用募吾材士與敵相當輕足利兵以爲前行分車列騎隱於四旁相去數里無見其兵敵必堅陳進退不敢於是出旌列旆行出山外觀之敵人必懼車騎挑之勿令得休此谷戰之法也

得支形之義

武侯問曰暴寇卒來掠吾田野取吾牛羊則如之何起對曰暴寇之來必慮其強善守勿應彼將暮去其裝必重其心必恐還退務速必有不屬追而擊之其兵可覆

王鳳洲曰欲戰之地有九善用兵者能隨机変化

袁了凡曰九地原無定形雖散地輕地亦可作死地此篇大旨總在投之亡地然後存陷之死地然後生二句疊言三不得已皆爲此

又曰前篇以地形二字起形生于地者也此以用兵

九地第十一

起句貫下一篇

蘇老泉曰上言地形之常此言地勢之変言尤懇切

孫子曰用兵之法有散地有輕地有爭地有交地有衢地有重地有圮地有圍地有死地諸侯自戰其地者爲散地入人之地而不深者爲輕地我得亦利彼得亦利者爲爭地我可以往彼可以來者爲交地諸侯之地三屬先至而得天下之衆者爲衢地入人之地深背城邑多者爲重地山林險阻沮澤凡難行之道者爲圮地所

之法四字起地生於兵者也

用兵之法有此九地即有此九法善用兵者惟古人

待款

由入者隘所從歸者迂彼寡可以擊吾之衆者爲圍地疾戰則存不疾戰則亡者爲死地是故散地則無戰輕地則無止爭地則無攻交地則無絕衢地則合交重地則掠圮地則行圍地則謀死地則戰古之善用兵者能使敵人前後不相及衆寡不相恃貴賤不相救上下不相收卒離而不集兵合而不齊合於利而動不合於利而止敢問敵衆整而將來待之若何曰先奪其

爲客

役之死地

所愛則聽矣兵之情主速乘人之不及由不虞之道攻其所不戒也凡爲客之道深入則專主人不克掠於饒野三軍足食謹養而勿勞并氣積力運兵計謀爲不可測投之無所往死且不北死焉不得士人盡力兵士甚陷則不懼無所往則固入深則拘不得已則鬬是故其兵不修而戒不求而得不約而親不令而信禁祥去疑至死無所之吾士無餘財非惡貨也無餘命非

然後生

然後生

惡壽也令發之日士卒坐者涕霑襟偃卧者涕交頤投之無所往則諸劌之勇也故善用兵者譬如率然率然者常山之蛇也擊其首則尾至擊其尾則首至擊其中則首尾俱至敢問可使如率然乎曰可夫吳人與越人相惡也當其同舟濟而遇風其相救也如左右手是故方馬埋輪未足恃也齊勇若一政之道也剛柔皆得地之理也故善用兵者攜手若使一人不得已也

歸重將事

再言爲客以申上意

衢重輕圍死

將軍之事靜以幽正以治能愚士卒之耳目使之無知易其事革其謀使人無識易其居迂其途使人不得慮帥與之期如登高而去其梯帥與之深入諸侯之地而發其機若驅羣羊驅而往驅而來莫知所之聚三軍之衆投之於險此將軍之事也九地之變屈伸之利人情之理不可不察也凡爲客之道深則專淺則散去國越境而師者絕地也四通者衢地也入深者重地

五者皆為客之道故九地中摘而言之重振起九地之利害而務全其勝

前已陳此三事而復云若為不知九地者言

也入淺者輕地也背固前隘者圍地也無所往者死地也是故散地吾將一其志輕地吾將使之屬爭地吾將趨其後交地吾將謹其守衢地吾將固其結重地吾將繼其食圮地吾將進其途圍地吾將塞其闕死地吾將示之以不活故兵之情圍則禦不得已則鬬過則從是故不知諸侯之謀者不能豫交不知山林險阻沮澤之形者不能行軍不用鄉導者不能得地利四五

全篇主意至此明言出

者一不知非霸王之兵也夫霸王之兵伐大國則其衆不得聚威加於敵則其交不得合是故不爭天下之交不養天下之權信巳之私威加於敵故其城可拔其國可隳施無法之賞懸無政之令犯三軍之衆若使一人犯之以事勿告以言犯之以利勿告以害投之亡地然後存陷之死地然後生夫衆陷於害然後能爲勝敗故爲兵之事在順詳敵之意并敵一向千里殺將

處女脫兎所謂奇正相注如環之無端太史公稱田單用兵如是

是故巧能成事是故政舉之日夷關折符無通其使厲於廊廟之上以誅其事敵人開闔必亟入之先其所愛微與之期踐墨隨敵以決戰事是故始如處女敵人開戶後如脫兎敵不及拒

諸侯自戰其地者爲散地戰於境内士内顧而易散也如郢人軍於郊恃近其城莫有鬭志爲楚所敗是也

我得亦利彼得亦利者爲爭地險固之處務在必爭如孫劉之荆州楚漢之關中是也

諸侯之地三屬我與敵相當而旁有他國如鄭界於齊楚晉是也

先至而得天下之衆者爲衢地沛公先入關秦民惟恐其不爲王也及楚扳成皐酈生說漢王曰陛下進取滎陽據敖倉之粟塞成皐之險以示諸侯形制之勢則天下知所歸矣此二者漢得天下之大勢也

散地則無戰吳王問孫武曰散地無戰則必固守若敵攻我小城掠吾田野禁吾樵採塞吾要道待吾空虛而來急攻則如之何武曰敵人深入專志輕鬭吾兵安土以陳則不堅以戰則不力當集人聚穀保城備險輕兵絕其糧道彼挑戰不得轉輸不至野無所掠三軍困餒因而誘之可以有功若欲野戰則必因勢依險設伏無險則隱於陰

晦出其不意襲其懈怠

輕地則無止 吳王曰始入敵境士卒思還難進易退未背險阻三軍恐懼則如之何武曰以入爲務無以戰爲故無近其名城無由其通路設疑佯惑示若將去乃選其精騎啣枚先入掠其六畜三軍見得進乃不懼分吾良卒密有所伏敵人若來擊之勿疑若其不至捨之而去

爭地則無攻 吳王曰形勝之地敵人先至據要保利則如之何武曰爭地之之法讓之者得求之者失敵得其處愼勿攻之趨其所愛敵必出救分兵設伏人欲我與人棄我取此爭先之道也若我先至而敵用此術則選吾銳卒固守其所輕兵追之分伏

吳付空談

越行實事

險阻敵人還闕伏兵旁起此全勝之道也

交地則無絕

吳王曰交地我不絕敵敵先圖之彼可得而來我不得而往衆寡又均則如之何武曰既我不可往彼可以來則分卒匿之守而勿怠示其不能敵人且至設伏隱廬出其不意

衢地則合交

吳王曰衢地必先至若我道遠發後至不能先柰何武曰諸侯三屬其道四通必先重幣交親旁國兵雖後至衆已屬矣我得衆助彼失其黨犄角攻之莫知所當越王問戰於申包胥曰越國南則楚西則晉北則齊春秋皮幣玉帛子女以賓服焉未嘗敢絕求以報吳申包胥曰善哉蔑以加矣遂伐吳滅之

善策

圮地則行 少固之地勢無所依則別據險要不可遲畱也漢景時吳楚反或說吳王曰吳多步卒漢皆車騎車騎利平地步兵利險阻願大王所過城邑勿攻直去疾西據洛陽武庫食敖倉粟阻山河之險以令諸侯雖無入關天下固已定矣大王徐行畱下城邑漢車騎馳入梁楚之郊則事敗矣吳王不聽果敗

圍地則謀 吳王曰前有強敵後有險隘絕我糧道利我出走敵鼓噪不進以觀我能柰何武曰我入圍地必塞其闕示無所往則萬人同心三軍齊力乃并炊數日無見烟火故爲毀亂寡弱之形敵備必輕則告勵士卒奮怒陳伏左右險阻擊鼓而出敵人若當疾擊務突我則前鬬後拒左右犄角也王曰敵在吾圍伏而深謀示我以利縈我以旗

我怪其文已是唐人氣習

紛紜若亂不知所之李何武曰千人操旌分塞要道輕兵進挑陳而勿搏交而勿去此敗謀之法也

死地則戰 李衛公曰左谷右山東馬懸車之逕前窮後絕鴈行魚貫之岩兵陳未整而強敵忽臨進無所息退無所固求戰不得自守莫安駐則日月稽留動則首尾受敵野無水草軍乏資糧馬困人疲智窮力屈一人守險萬夫莫向如彼要害敵先據之如此之利我已失守若此死地疾戰則存不疾戰則亡須上下同心併氣一力抽腸濺血一死於前此則因敗爲功轉禍爲福之計也

先奪其所愛則聽矣 奪其所顧愛必專注救之不復能盡力於我故

漢人口角開口便是

之食之策堪入條議

聽我所爲如姜維救麴城魏將先奪牛頭山遂不戰而歸是也

深入則專 深入重地則士以軍爲家絕無顧慮故心志專一趙廣武君謂韓信去國遠鬬其鋒不可當司馬宣王謂諸葛恪卷甲深入其鋒難敵是也

三軍足食 酈生說漢王曰知天之天者王業可成王者以民爲天民以食爲天敖倉積粟甚多楚拔滎陽不守敖倉此天所以資漢也漢王遂守之轉漕關中未嘗乏絕又如張詠知益州屯兵三萬無半月之食察知民間廩有餘積而苦鹽貴乃聽民以米易鹽食遂不乏郭子儀還河中親耕百畝士卒兢勸於是野無曠土軍有餘糧

併氣積力 王翦伐楚楚悉國中兵以禦之翦堅壁不戰日休士而撫循之久之

王圻註曰雖欲死焉不可得士人必盡力求生亦通

歟

問軍中戲乎曰方投石超距翦曰可矣一舉而滅楚蓋深入敵境未見可勝之利必養積全力取勝於一戰也

死焉不得 人人死戰何所不得尉繚子曰一賊仗劍擊於市萬人無不避之者非一人之獨勇萬人皆不肖也必死與必生不侔也

率然者常山之蛇也 率然速也昔諸葛於平沙壘石縱橫皆八晋桓溫見之曰此常蛇勢即九軍陣法也四頭八尾觸處爲首敵衝其中首尾俱救

交地吾將謹其守 上言交地無絕此又言謹其守者蓋以我之備待彼之不虞我可以乘其間彼不得伺我之隙也李牧守鴈門謹烽火多間諜誘匈奴入而擊

之是也

圍地吾將塞其闕凡圍師必闕所以開其生路使不堅戰也若我受敵圍必塞其闕令士卒有必死之心如齊神武爲爾朱兆所圍闕其一角神武連繫牛驢自塞之士卒無出路四面奮擊大破朱兆兵

不得已則鬬過則從死地求生不得不鬬不得已之過極則聽從吾計也漢班超至鄯善謂其屬曰今在絕域欲立大功以求富貴虜使到數日耳而王禮貌即廢有如收吾屬送匈奴骸骨長爲豺狼食矣吏卒皆曰危亡之地死生皆從司馬超乃令十人持鼓藏虜舍後約曰見火皆鳴鼓大呼餘人悉持弓弩夾門而伏超順風縱火虜

激法妙

出奇

大驚亂盡殄滅之

伐大國則其衆不得聚威加於敵則其交不得合如秦謂魏曰吾攻趙旦暮且下諸侯敢救者必移兵先伐之魏懼不敢救是也離其交削其權則已之威益信故下文云其城可拔國可隳

施無法之賞懸無政之令吳子敗北者有賞馬隆未戰先賞是法外之賞也李愬襲元濟初出衆請所向曰東六十里止至張柴村諸將請所止曰蔡州是政外之令也

先其所愛微與之期先奪其愛必微示之期使其趨之我乃後發而

此釋甚詳明

孫子參同

先至也故曰爭地趨其後

踐墨隨敵以決戰事兵雖用變用奇始終必守繩墨吳王使孫子教婦人戰左右前後跪起皆中規矩繩墨是也

魏武帝曰九地欲戰之地有九也散地士卒戀土道近易散也輕地士卒皆輕返也爭地可以少勝衆弱擊强也交地道里相交錯也三屬我與敵相當而旁有他國也衢地先至得其國助也重地難返之地也圮地少固也

死地前有高山後有大水進則不得退則有礙也爭地無攻不當攻當先至爲利也交地無絕相交屬也衢地合交結諸侯也重地則掠蓋積糧食也圮地則行無稽留也圍地則謀發奇謀也死地則戰殊死戰也卒離而不集暴之使離亂之使不齊勒兵而戰也先奪其所愛者奪其所恃之利也若先據利地則我所欲必得矣謹養勿勞并氣積力者養士

専執恃難不如權變巧利

氣并兵力爲不可測度之計也死焉不得士死焉不得也士人盡力在難地心并也不懼者士陷在死地則意專不懼也則拘專也則鬬人窮則死鬬也不求而得不求索其意而自得也禁祥去疑禁妖祥之言去疑惑之計也非惡貨惡壽者棄財致死非得已也涕沾襟交顚者皆持必死之計也方馬縛馬也埋輪恃不動也此言專難不如權巧也靜以幽

靜者動之体
故濂溪主靜

正以治謂清淨幽深平正也能愚士卒愚誤也民可與樂成難與慮始也莫知所之一其心也人情之理見利而進遭難而退也使之屬使相交屬也趨其後地利在前當速進其後也繼其食掠彼也進其途疾過也塞其闕一其心也示之以不活勵士也圍則禦相持禦也不得已則鬬勢有不得已者也過則從備之甚過則從計也四五者謂九地之利害

兵體萬變即賞罰亦然

甚合巧字

或曰上四五事也不爭天下之交者不結成天下諸侯之權也絕天下之交奪天下之權故威得伸而自私施無法之賞懸無政之令言法令不可豫施懸之司馬法曰見敵作誓膺功作賞也犯者用也言明賞罰雖用衆若使一人然也能爲勝敗必殊死戰也詳敵詳審也或曰彼欲進設伏而退彼欲去開而擊之并敵一向者先示之以閒空虛弱之處敵

則并向而利之雖千里可擒其將也是謂成事之巧矣是故謀定則閉關梁絕其符信勿使通使誅治也敵人開闔必亟入之有間隙當急入之也先其所愛據便利也微與之期後人發先人至也踐墨隨敵以決戰事行踐繩墨總無常也處女示弱也脫兎往疾也

李卓吾曰地形雖多九地足以盡之矣故先言九地之害與處九地之常法然古之善用

甚駃甚捷

兵者能使敵人前後不相及衆寡不相恃貴賤不相救上下不相收卒離而不集兵合而不齊是故伐大國則其衆不得聚威加于敵則其交不得合其爲霸王無敵之兵如此又何有於九地之變乎況吾之兵又唯恐不投之於死地者蓋爲客之道深入則專甚陷則不懼不得已則鬬投之無所往則死且不北故其兵不修而戒不求而得不約而親不令

妙

而信如常山之蛇率然而首尾俱至如吳越人之同舟遇風雖彼此相惡率然而相救也如左右手則雖方馬埋輪專難如此且不足恃矣故曰投之亡地然後存陷之死地然後生夫唯衆陷于害然後能爲勝敗非虛言也但人情見利則進遭難則退故九地之變屈伸之利人情之理不可不察耳若先使之知之又誰肯甘心而自投於死地乎夫民至愚

也可與樂成難與慮始是故施無法之賞懸無政之令用之以事不告以言用之以利不告以害然則聚三軍之衆而投之于險者信將軍之事矣故復言散地吾將一其志輕地吾將使之屬圍地吾將塞其闕死地吾將示之以不活則可知也率然者率然而自至也如手足之捍頭目不謀而親不約而會率然而然莫知其所以然而然也此九地之利不

此地便合支掛兩形者

可以不察也

參考

卓吾子曰我可以往彼可以來者爲交地故迹交地入人之地背城邑多者爲重地故迹深入

武王曰吾與敵人臨境相拒彼可以來我可以往陣皆堅固莫敢先舉我欲往而襲之彼可以來爲之柰何太公曰分兵三處令我前

合得交地無絶吾將謹其守二意

多方誤之

軍深溝增壘而無出列旌旗擊鼙鼓完爲守備令我後軍多積糧食無使敵人知我意發我銳士潛襲其中擊其不意攻其無備敵人不知我情則止不來矣武王曰敵人知我之情通我之機動則得我事其銳士伏于深草要我隘路擊我便處爲之柰何太公曰令我前軍日出挑戰以勞其意令我老弱曳柴揚塵鼓吹而往來或出其左或出其右去敵無

以疾擊勝

深入之若濟渡最急故首論及之

過百步其將必勞其卒必駭如此則敵人不敢來吾往者不止或襲其内或擊其外三軍疾戰敵人必敗

右交地

武王曰引兵深入諸侯之地遇深溪大谷險阻之水吾三軍未得畢濟而天暴雨流水大至後不得屬于前無有舟梁之備又無水草之資吾欲畢濟使三軍不稽留爲之柰何太

全以器械虜敵故曰器械不利以其卒予敵也

公曰凡帥師將衆慮不先設器械不備教不精信士卒不習若此不可以爲王者之兵也凡三軍有大事莫不習用器械攻城圍邑則有轒轀臨衝䡾城中則有雲梯飛樓三軍行止則有武衝大櫓前後拒守絕道遮衝則有材士強弩衛其兩傍設營壘則有天羅地落行馬蒺蔾晝則登雲梯遠望立五色旌旗夜則設火雲萬炬擊雷鼓振鼙鐸吹鳴笳越溝

壍則有飛橋轉關轆轤鉏鋙濟大水則有天潢飛江逆波上流則有浮海絶江三軍用備主將何憂

武王曰引兵深入諸侯之地與敵之軍相當兩陳相望衆寡强弱相等未敢先舉吾欲令敵人將帥恐懼士卒心傷行陳不固後陳欲走前陳數顧鼓譟而乘之敵人遂走爲之柰何太公曰如此者發我衆去寇十里而伏其

設疑

兩傍車騎百里而越其前後多其旌旗益其金鼓戰合鼓譟而俱起敵將必恐其軍驚駭衆寡不相救貴賤不相待敵人必敗武王曰敵之地勢不可以伏其兩傍車騎又無以越其前後敵知我慮先施其備我士卒心傷將帥恐懼戰則不勝爲之柰何太公曰誠哉王之問也如此者先戰五日發我遠候往視其動靜審候其來設伏而待之必于死地與敵

設伏

深入則寒暑霖雨必不免者

相避遠我旌旗踈我行陳必奔其前與敵相當戰合而走擊至二三里而還伏兵乃起或陷其兩傍或擊其前後三軍疾戰敵人必走

武王曰引兵深入諸侯之地與敵相當而天太寒甚暑日夜霖雨旬日不止溝壘悉壞隘塞不守斥候懈怠士卒不戒敵人夜來三軍無備上下惑亂爲之柰何太公曰凡三軍以戒爲固以怠爲敗令我壘上誰何不絶人執

外向以候敵人之来慎處以防敵人之衝

以逸待勞變害為主之法

筭更精密

旌旗内外相望以號相命勿令乏音而皆外向三千人爲一屯誡而約之各慎其處敵人若來視我軍之警戒至而必還力發氣怠發我銳士隨而擊之武王曰敵人知我隨之而伏其銳士佯北不止遇伏而還或擊我前或擊我後或薄我壘吾三軍大恐擾亂失次離其處所爲之柰何太公曰分爲三隊隨而追之勿越其伏三隊俱至或擊其前後或陷其

此專為絶道計算

兩傍明號審令疾擊而前敵人必敗

武王曰引兵深入諸侯之地與敵相守敵人絶我糧道又越我前後吾欲戰則不可勝欲守則不可久爲之柰何太公曰凡深入敵人之地必察地之形勢務求利便依山林險阻水泉林木而爲之固謹守關梁又知城邑丘墓地形之利如是則我軍堅固敵人不能絶我糧道又不能越我前後武王曰吾三軍過

武衝大車名
大軍曰踵軍

大林廣澤平易之地吾候望誤失卒與敵人相薄以戰則不勝以守則不固敵人翼我兩傍越我前後三軍大恐爲之柰何太公曰凡帥師之法當先發遠候去敵二百里審知敵人所在地勢不利則以武衝爲壘而前又置兩踵軍於後遠者百里近者五十里即其警急前後相救吾三軍常完堅必無毀傷

武王曰引兵深入諸侯之地與敵人衝軍相

當敵衆我寡敵強我弱敵人夜來或攻吾左或攻吾右三軍震動吾欲以戰則勝以守則固爲之柰何太公曰如此者謂之震寇利以出戰不可以守選吾材士強弩車騎爲左右疾擊其前急攻其後或擊其表或擊其裏其卒必亂其將必駭武王曰敵人遠遮我前急攻我後斷我鋭兵絶我材士吾内外不得兩聞三軍擾亂皆敗而走士卒無鬭志將吏無

此是夜戰之策

按此篇名敎戰言與武勇相敎也

守心爲之柰何太公曰明哉王之問也當明號審令出我勇銳冒將之士人操炬火二人同鼓必知敵人所在或擊其表裏微號相知令之滅火鼓音皆止中外相應期約皆當三軍疾戰敵必敗亡

武王曰引兵深入諸侯之地卒遇敵人甚衆且武武車驍騎繞我左右吾三軍皆震走不可止爲之柰何太公曰如此者謂之敗兵善

二條俱以伏兵勝

者以勝不善者以亡武王曰用之柰何太公曰伏我材士強弩武車驍騎爲之左右常去前後三里敵人逐我發我車騎衝其左右如此則敵人擾亂吾走者自止武王曰敵人與我車騎相當敵衆我少敵強我弱其來整治精銳吾陳不敢當爲之柰何太公曰選我材士強弩伏於左右車騎堅陳而處敵人過我伏兵積弩射其左右車騎銳兵疾擊其軍或

以是處山之兵

棲如鳥棲不得下也囚如獄囚不得出也

擊其前或擊其後敵人雖衆其將必走

武王曰引兵深入諸侯之地遇高山磐石其上亭亭無有草木四面受敵吾三軍恐懼士卒迷惑吾欲以守則固以戰則勝爲之柰何

太公曰凡三軍處山之高則爲敵所棲處山之下則爲敵所囚既以被山而處必爲鳥雲之陳鳥雲之陳陰陽皆備或屯其陰或屯其陽處山之陽備山之陰處山之陰備山之陽

鳥雲一作烏雲烏飛雲合聚散不定

此是處澤之兵

處山之左備山之右處山之右備山之左敵所能陵兵備其表衢道通谷絕以武車高置旌旗謹勑三軍無使敵人知吾之情是謂山城行列已定士卒已陳法令已行奇正已設各置衝陳於山之表便兵所處乃分車騎爲鳥雲之陳三軍疾戰敵人雖衆其將可擒

武王曰引兵深入諸侯之地與敵人臨水相拒敵富而衆我貧而寡踰水擊之則不能前

欲久其日則糧食少吾居斥鹵之地四旁無邑又無草木三軍無所掠取牛馬無所芻牧爲之柰何太公曰三軍無備牛馬無食士卒無糧如此者索便詐敵而亟去之設伏兵於後武王曰敵不可得而詐吾士卒迷惑敵人越我前後吾三軍敗而走爲之柰何太公曰求途之道金玉爲寶必因敵使精微爲寶武王曰敵人知我伏兵大軍不肯濟別將分隊

按八陣法有左右衝有雲雷風火龍虎鳥蛇

關尹子曰雲之卷舒鳥之飛翔皆在空虛中所以變化不測

以踰於水吾三軍大恐爲之柰何太公曰如此者分爲衝陳便兵所處須其畢出發我伏兵疾擊其後强弩兩旁射其左右車騎分爲鳥雲之陳備其前後三軍疾戰敵人見我戰合其大軍必濟水而來發我伏兵疾擊其後車騎衝其左右敵人雖衆其將可走凡用兵之大要當敵臨戰必置衝陳便兵所處然後以車騎分爲鳥雲之陳此用兵之奇也所謂

共此險阻之利分而守之

鳥雲者鳥散而雲合變化無窮者也

武王曰引兵深入諸侯之地與敵人相遇於險阨之中吾左山而右水敵右山而左水與我分險相拒吾欲以守則固以戰則勝爲之柰何太公曰處山之左急備山之右處山之右急備山之左險有大水無舟楫者以天潢濟吾三軍已濟者亟廣吾道以便戰所以武衝爲前後列其強弩令行陣皆固衢道谷口

以武衡絶之高置旌旗是謂軍城凡險戰之法以武衡爲前大櫓爲衛材士强弩翼吾左右三千人爲屯必置衡陳便兵所處左軍以左右軍以右中軍以中並攻而前已戰者還歸屯所更戰更息必勝乃已

右深入

卓吾子曰政舉之日夷關拆符無通其使既無通其使矣設有陰符陰書稱緊急君命而

符以合信陰秘也謂之陰符當不止尺寸之分

來者當如之何故述陰符陰書

武王曰引兵深入諸侯之地三軍卒有緩急或利或害吾將以近通遠從中應外以給三軍之用爲之柰何太公曰主與將有陰符凡八等有大勝克敵之符長一尺破軍擒將之符長九寸降城得邑之符長八寸却敵報遠之符長七寸警衆堅守之符長六寸請糧益兵之符長五寸敗軍亡將之符長四寸失利

点未盡

亡士之符長三寸諸奉使稽留者若符事聞泄者皆誅之八符者主將秘聞所以陰通言語不泄中外相知之術

武王曰引兵深入諸侯之地主將欲合兵行無窮之變圖不測之利其事煩多符不能明相去遼遠言語不通爲之柰何太公曰諸有陰事大慮當用書不用符主以書遺將將以書問主書皆一合而再離三發而一知再離

詳此妙解諸說可盡付祖龍矣

者分書爲三部三發而一知者言三人人操一分相參而不使知情也此謂陰書

右陰符陰書

或問卓吾子曰踐墨隨敵以決戰事何謂也曰踐墨者節制之師教習於平日所謂校計索情豫修吾必可勝之道善保吾不可勝之法而爲將之所受於君者是也隨敵者因利制權初無定勢隨敵盈縮臨時變化所謂預

既流傳矣猶是墨耶

設不得先傳不得而爲將之所自出雖將亦不得而知者是也既不得而知故不得而言則凡所言者可知矣是以但有墨流傳於世而人可得而踐之也

王鳳洲曰兼水心云以火攻用間考之疑孫子亦有未盡之書

袁了凡曰火攻之功捷矣非不戰而屈之本意也故以此為下策此篇備道以火佐攻之法而惓惓于死者不可復生其意只在安

火攻第十二

蘇老泉曰火攻于孫子為下策

孫子曰凡火攻有五一曰火人二曰火積三曰火輜四曰火庫五曰火隊行火必有因煙火必素具發火有時起火有日時者天之燥也日者月在箕壁翼軫也凡此四宿者風起之日也凡火攻必因五火之變而應之火發於內即早應之於外（一變）火發而其兵靜者待而勿攻極其火力（二變）可從而從之不可從則止（三變）火可發於外無待於（四變）

國全軍四字
五火之变我與敵共我攻人亦防人攻我固必知其变以數守之數即時日星宿風起風止之度數也

內以時發之火發上風無攻下風晝風久夜風止凡軍必知五火之變以數守之故以火佐攻者明以水佐攻者強水可以絕不可以奪夫戰勝攻取而不修其功者凶命曰費留故曰明主慮之良將修之非利不動非得不用非危不戰主不可以怒而興師將不可以慍而致戰合於利而動不合於利而止怒可以復喜慍可以復悅亡國不可以復存死者不可以復生故曰

五变 六变 七变

四字一篇主意

火攻前古未有此註紀所由起與後焚燒之慘其意甚遠

明主慎之良將警之此安國全軍之道也

一曰火人吳起曰凡軍居荒澤草木幽穢可焚而滅或敵衆我寡難以力勝者則火其人自魯桓公世焚鉅野之咸丘始以火田後遂有五火之變以佐取勝如赤壁之戰曹兵舳艫千里連環而下周瑜命黃蓋以舟載燥荻枯柴僞稱糧儲投入曹中因而爇火焚燒殆盡諸葛武侯與藤甲軍戰其甲皆編藤灌油爲之刀矢不入力倦則浮甲渡水而去莫如之何武侯曰凡利於水者不利於火縱火焚之片甲無存

二曰火積焚其蓄積使乏食也漢高與項羽相持使劉賈渡白馬津燒楚積聚羽由此食盡而敗

奸人

火輜火庫火隊 車載衣裝在道未止曰輜營壘已定貨有舍藏曰庫器械

戰具曰仗許攸謂曹公曰袁紹輜重有萬餘輛屯軍不嚴以輕兵襲之出其不意焚其積聚不過三日袁紹自敗公大喜選精騎五千皆用袁氏旗幟人啣枚馬縛口從間道進人抱束薪所過途路有問者語之曰袁公恐曹操抄掠後軍遣兵以益備聞者以爲信然皆自若旣至圍屯大放火悉燒其輜重營中驚亂因大破之王猛伐燕慕容評率兵四十萬爲持久之計猛遣步兵五千夜從間道起火燒評輜重於晉山火見鄴中因而滅之

行火必有因 因風因夜因燥旱因奸人內應因草莽因無備也皇甫嵩保長

社黃巾賊圍之兵少而恐嵩曰兵有奇變不在衆寡今賊依草結營易爲縱火其夕大風

江逌火雞田單火牛段韶火弩皆素具者

可以得志乃約厲士卒皆策苣乘城使銳士間出圍外縱火大呼城上舉燎應之嵩鼓而奔其陣遂大破之益州牧羅尚遣隗伯攻蜀賊子雄于郫城雄使朴泰詐尚爲內應以火爲期尚信之遣隗伯率精兵從泰擊雄泰以長梯倚城而舉火伯軍爭緣梯泰盡斬之雄放兵內外擊之大破尚軍

煙火必素具艾蒿荻葦薪芻膏油之屬皆須預備兵法有火箭火簾火杏火兵火獸火禽火盜火弩皆非臨時所能具也如諸葛欲火魏兵先於葫蘆谷設茅屋草堆佯積糧草豫藏引火之物是也

火發於內則早應之於外借火勢以攻敵及其驚亂而擊之若

馬燧李陵善避火本太公法

應之不早火鬭衆定則無功也唐馬燧討田悦悦踰橋掩其後因風縱火燧乃坐甲令無動命前除草斬荊棘廣百步以爲陣勇力五千人分爲前列以俟賊至比悦軍至則火止氣乏力衰而敗此但知用火而不能早應者也

火發兵靜者待而勿攻 敵先有備火不能亂則防其反攻魏將滿寵征吳勅諸將曰今夕風甚猛賊必來燒營宜預爲之備諸軍皆警夜半賊果來燒營寵掩擊破之

火可發於外無待於内 上文云火發於内此言無待於内所謂五火之變也如吳王既會瀆池越聞愈章恐齊宋之爲已害也乃命王孫雄先與勇獲帥徒

考証甚詳

引事的確

師以爲過賓於宋焚其北郛焉而過之是火發於彼使敵不得邀我歸路也宋張齊賢居代契丹薄城下齊賢於三十里外爇芻列幟契丹遥見火光中有旗幟謂且并兵至引去齊賢追擊敗之

火發上風無攻下風隋江東賊劉元進攻王世充於延陵令把草束方因風縱火俄而廻風悉燒元進營軍人多死

必知五火之變以數守之火動物也得風則善行而數變能用之者千變萬化再推星纏之度數與風起風止之數守候行之以我攻人亦防人攻我消息行事也天文志箕壁軫翼四宿好風月離此者必多風常以雞羽八兩掛五丈竿上占

妙　妙

風所從來則知用火之法

水可以絶不可以奪水可以絶敵人之軍取人之成業使之滅亡如韓信囊沙決水斬楚将龍且是一時之勝也班超焚虜使收鄯善等國是奪其國都也一本作水可以絶火可以奪謂敵以水灌我我可以絶之如智伯灌趙襄子於晋陽襄子夜殺守隄吏決水下灌智伯是也敵以火焚我我可以奪之如單于焚李陵於大澤陵先放火燒斷葭葦奪其火勢是也此説於變字甚合但篇名火攻自當借水以見火功之大水不及火故詳於火而畧於水

夫戰勝攻取而不修其功者凶命曰費留戰所

赤壁過来人
必知煬的着

以勝攻所以取者有水火之助也水火所以能破軍殺將者士卒之力也不修舉有功而賞之凶咎之道也財竭師老而不得歸費留之謂也

魏武帝曰火攻者以火攻當擇時日也行火必有因因姦人也煙火必素具燒具也火發於內則早應之於外以兵應之於外也火發上風無攻下風不便也晝風久夜風止數當然也故以火助攻者明取勝明也水可以絕不可以奪水但能絕其糧道分敵軍不可奪

慎矣哉三字得孫子本意

其蓄積費畱者若水之畱不復還也或曰費不以時但費畱也賞善不踰時故戰勝攻取而不修其功者凶　李卓吾曰火發而其兵靜者則待而勿攻極其火力而從之不可從則止而勿從慎矣哉火攻之法也火發於內則以兵應之於外若火可發於外則又無待於內矣但貴以時耳故五火之變有數存焉皆不可不知也

此竒論火戰

參考

武王曰引兵深入諸侯之地遇深草蓊穢周吾軍前後左右三軍行數百里人馬疲倦休止敵人因天燥疾風之利燔吾上風車騎鋭士堅伏吾後吾三軍恐怖散亂而走爲之柰何太公曰若此者則以雲梯飛樓遠望左右謹察前後見火起卽燔吾前而廣延之又燔吾後敵人苟至則引軍而却按黑地而堅處

敕敗之兵無員卽是勝

敵人之來猶在吾後見火起必遠走吾按黑地而處強弩材士衛吾左右又燔吾前後若此則敵不能害我武王曰敵人燔吾左右又燔吾前後煙覆吾軍其大兵按黑地而起爲之柰何太公曰若此者爲四武衝陳強弩翼吾左右其法無勝亦無負

王鳳洲曰用兵必先用閒以知敵情然後前十二篇之條款動不忒算

袁了凡曰興師必爭勝爭勝必先知敵情先知敵情必用閒五閒又必始於反

用閒第十三

孫子曰凡興師十萬出征千里百姓之費公家之奉日費千金內外騷動怠於道路不得操事者七十萬家相守數年以爭一日之勝而愛爵祿百金不知敵之情者不仁之至也走人之將也非主之佐也非勝之主也故明君賢將所以動而勝人成功出於衆者先知也先知者不可取於鬼神不可象於事不可驗於度必取於人

骨頭懇了敎人極深極厚

間篇中條貫自明

知敵之情者也故用間有五有因間有內間有反間有死間有生間五間俱起莫知其道是謂神紀人君之寶也因間者因其鄉人而用之內間者因其官人而用之反間者因其敵間而用之死間者爲誑事於外令吾間知之而傳於敵間也生間者反報也故三軍之事莫親於間賞莫厚於間事莫密於間非聖智不能用間非仁義不能使間非微妙不能得間之實微哉微哉

無所不用間也間事未發而先聞者間與所告者皆死凡軍之所欲擊城之所欲攻人之所欲殺必先知其守將左右謁者門者舍人之姓名令吾間必索知之必索敵間之來間我者因而利之導而舍之故反間可得而用也因是而知之故鄉間內間可得而使也因是而知之故死間爲誑事可使告敵因是而知之故生間可使如期五間之事主必知之知之必在於反間故

伊呂非間人夏殷實由以亡謂之間也亦可其諸異乎人之間與

註好

反間不可不厚也昔殷之興也伊摯在夏周之興也呂牙在殷故明君賢將能以上智爲間者必成大功此兵之要三軍所恃而動也

因間　因敵之鄉人厚撫而用之如韋孝寬以金帛啗齊人而齊人遥通書疏故齊之動靜皆先知之時有主帥許盆孝寬委以心膂令守一城盆乃以城東入孝寬怒令諜取之俄斬首而還其能致物情如此

內間　敵之官人有賢而失職者有過而被刑者有寵嬖而貪財者有屈在下位者有不得任使者有欲因敗喪以求展已之才能者有反覆變詐常持兩端之心者皆可潛通

畫策亦妙

妙用

厚賂結之使爲内間如越賂太宰嚭吳納子胥曹操用許攸漢高結項伯是也唐太宗討竇建德凌敬說建德曰悉兵濟河攻取懷州河陽使重將居守更率衆鳴鼓建旗踰太行入上黨先聲後實傳檄而定漸趨壺口稍駭蒲津收河東之地此上策也行必有三利一則入無人之境師有萬全二則拓土得兵三則鄭圍自解建德將從之王世充陰以金玉啗其計將以亂其謀因曰凌敬書生耳豈可與言戰乎建德遂謝敬策不從而敗

反間 敵有間來則厚利以啗之僞情以示之或留之使言其情或縱之僞報我事則反爲我用也如班超發于闐兵擊莎車龜茲揚言兵少不敵罷散乃陰緩生口歸告龜茲王大喜不設備超即勒兵馳赴大破降之岳飛知劉豫結粘罕而兀朮惡劉豫可以間而

岳侯勝陳平遠矣妙絕

貸死得死

動會軍中得兀术諜者飛佯責之曰汝非吾軍中人張斌耶吾向遣汝至齊約誘致四太子汝往不復來吾繼遣人問齊已許我今冬以會合寇江爲名致四太子于清河汝所持書竟不至何背我耶諜與緩死即詭服乃作蠟書言與劉豫同謀誅兀术事因謂諜曰吾今貸汝復遣至齊問舉兵期封股納書戒勿泄諜歸以書示兀术兀术大驚馳白其主遂廢豫

死間佯爲虛詐之事令吾間知之而傳泄於敵事乖必死也宋時曹太尉嘗貸人死使僞爲僧吞蠟彈入西夏至則爲其所囚僧以彈告即下之開讀乃所遺彼謀臣書也戎王怒誅其臣并殺間僧鄭武公欲伐胡先以其子娶胡因問羣臣曰吾欲用兵誰可伐大

陰用其言而顯戮其身譎哉

何物神奇乃尔

夫關其思曰胡可伐武公怒而戮之曰胡兄弟之國子言伐之何也胡君聞之以鄭爲親已不備鄭襲而取之

生間 以不意中間其骨肉君臣而間者得以生還反報如范雎入秦永巷左右曰王來雎曰秦安得王臣在山東時但聞有太后穰侯涇陽華陽不聞其有王於是秦從太后廢穰侯逐涇陽華陽焉隋時達奚武爲東秦刺史時齊神武趨沙苑太祖遣武覘之武從三騎皆衣敵人衣日暮歷敵營若警夜者有不如法者往往撻之具知敵情以告太祖太祖深嘉焉遂破之

非聖智不能用間非仁義不能使間 上言五間不可

少此言五間不易用歸重在主將也晉豫州刺史祖逖之鎮雄州愛人下士雖疎交賤隸皆恩禮厚遇之河上堡固先有任子在胡者皆聽兩屬時遣遊軍僞抄之明其未附諸塢王感戴胡有異畧輒密以聞故前後克獲焉李達爲都督義州弘農等二十一防諸軍事每厚撫境外之人爲諜間敵中動靜必先知之至有事泄被誅戮者亦不以爲悔其得人心也如此

此着尤要緊

非微妙不能得間之實 我用間亦防反爲敵使如秦間不得趙奢之實情楚間不能得陳平之實情必淵微精妙之將始察其眞僞也

間事未發而先聞者間與所告者皆死 間泄其事

有人首告者俱殺之以滅口軍機貴密也

姓名必令吾間必索知之欲潛入其軍必熟知用事者之姓名則可隨機應卒如宋華元夜登子反之床以刼楚盟若非素知左右之姓名何由得登其床也

必索敵人之間來間我者我令間往來必備知敵情不如因彼間來曲爲引誘啗以大利威以大刑自非大忠必反爲我用矣既知敵情四間皆因此而可用故下文獨重反間反間尤爲五間之本

魏武帝曰用間者戰必先用間以知敵情也

七十萬家煞有著落

不得操事者七十萬家古者八家爲鄰一家從軍七家奉之故十萬之師舉不事耕稼者七十萬家也不可取於鬼神者不可祭祀而求也不可象于事者不可以事類而求也不可驗於度者不可以事數而求也必取於人知敵之情者因間人也因時任用五間人君之寶是謂神紀矣孰知其道哉故非聖智不能用間非仁義不能使間非微妙不能得間

與註引用事實不重一節

之實也導而舍之舍居止也伊摯伊尹也吕牙吕望也　李卓吾曰因間者雖敵之人而於我有鄉里故舊之親如魏武之於韓遂亦其一例也内間者敵之内人也如信陵得如姬便能竊符以救趙也魏王雖非信陵之敵然趙決不可不救而魏王雖萬端說之而不聽則比之敵人又爲甚矣或曰即爲官於敵者是亦敵内之人也反間者即敵間之來間

死間至有如要離焚妻子者

勘破

我者反而用我之間以間敵也生間則生而反可以報我若死間則且以誑吾間而使之傳於敵間矣可生反乎如酈食其巳說齊撤去守備韓信復襲齊使齊烹酈食其又其一例也然信實可以不用襲齊酈食其實可以不用死間信之此舉其與無知名無勇功又不知相去幾千萬里矣卒以誅夷不亦宜歟

或曰漢高帝白登之圍用陳平秘計貽單于

亦是

關氏絕妙圖形，即得圍解，是亦内間之事也。夫間事未發而先聞，間與所告者皆死。夫一先聞，即時皆殺矣。間事又可得聞乎？間之密何如耶？故曰事莫密於間。

參考

卓吾子曰：先知者，不可取於鬼神，不可象於事，不可驗於度，必取於人，知敵之情者也。即此觀之，則三軍之事莫急於用間矣，故以用閒終焉取於鬼神者祭祀祈禱也象於事者事類推求也驗於度者卜筮占驗也故曰用兵之道盡在於人事彼鬼神等不過詭道奇謀因以便於使貪使愚云耳其實必以先知彼已爲急也苟知已而不知彼又何以勝敵而制其命乎故用閒要矣今述如左

太宗曰田單詭神怪而破燕太公焚書龜而滅紂二事相反何也靖曰其機一也或逆而

神机亦是兵机

取之或順而行之是也昔太公佐武王至牧野遇雷雨旗鼓毀折散宜生欲卜吉而後行此則因軍中疑懼必假卜以問神焉太公所謂腐草枯骨無足問且以臣伐君豈可再乎然觀散宜生發機於前太公成機於後逆順雖異其理致則同臣前所謂術數不可廢者蓋存其機於未萌也及其成功在人事而已矣

以用間為先知之本便十分鄭重若專用以間敵便是未着

卓吾子曰用間篇說出用間事十分鄭重言不如此則是視民命如糞壤以安危爲兒戲矣安得不先知敵人而爲之間乎然李衛公反以用間爲不得已何哉今亦具述于左

太宗曰昔唐儉使突厥卿因擊而敗之人言卿以儉爲死間朕至今疑焉靖再拜曰臣與儉比肩事主料儉說必不能柔服故臣因縱兵擊之所以盡大忠不顧小義也人謂以儉

事與韓信同心與周公一此處微矣哉

爲姦間非臣之心按孫子用間最爲下策臣嘗著論其末云水能載舟亦能覆舟或用間以成功或憑間以傾敗若束髮事君當朝正色忠以盡節信以竭誠雖有善間安可用乎唐儉小義陛下何疑太宗曰誠哉非仁義不能使間此豈纖人所能爲乎周公大義滅親況一使人乎灼無疑矣

卓吾子曰殷之興也伊摯在夏周之興也呂

牙在殷夫伊呂以大聖而爲殷周用殷周天下一六百載一八百載誰之力歟伊相湯又相太甲中間歷事外丙仲壬以及居桐復辟則不但閫外之事伊得專之伊實專殷權與廢大事咸其自主矣至太甲思庸伊乃明農曰臣罔以寵利居成功則亦氣匱力竭矣將至而後肯乞休也若呂尚者八十而始遇文王文王薨又不知幾年歲矣乃佐武王至于

伊使人不疑
呂浮天之壽
一双奇品應
浮並論

一十三載之久然後借兵盧戎諸國伐商而有天下則呂至是又是百有年歲人也然呂卒受齊封猶然不遺餘力富國強兵不辭老不憚勞與煩則此二老者又何其功成而不止耶雖曰成湯與尹咸有一德武亦以呂爲三朝元老太公所望以興周之人始終敬禮未嘗少衰然爲伊呂者亦不宜如此貪位而固權勢也故黃石公作三略以授子房獨諄

尚論極雜此殆見二公於地下

切於功成之戒云由此觀之伊呂是一樣人黃石是一樣人故子房尊敬黃石獨不受封而辟穀有以也此非可以優劣論也所見各不同也然中略之言非專謂臣下居功者設蓋專爲君上者謀欲其先收臣下之權以保全有功之臣耳則黃石公實自老子而來伊尹呂尚又實自軒轅而來彼此主意各自不同也後人不知乃以黃老並稱失其旨矣故

至人言自不同

因論用間而并述中略之語以告成功之君又因以告夫人臣者功成名遂身退是則天道不可不以爲鑒而自免耳否則韓彭葅醢蕭何繫獄雖欲自免又可得乎故謹錄黃石分以備參考

黃石公曰夫人之在道若魚之在水得水而生失水而死故君子者常懼而不敢失道豪傑秉職國威乃弱殺生在豪傑國勢乃竭豪

全功保身多少人不識此捏起盡付一聲長嘆

傑低首國乃可久殺生在君國乃可安

黄石公曰三畧爲衰世作人臣深曉中畧則能全功保身夫高鳥死良弓藏敵國滅謀臣亡亡者非喪其身也謂奪其威廢其權也封之于朝極人臣之位以顯成功中州善國以富其家美色珍玩以說其心夫人衆一合而不可卒離權威一與而不可卒移還師罷軍存亡之階故弱之以位奪之以國是謂霸者

快心之論古注今来不可無

之略故霸者之作其論駁也存社稷羅英雄者中略之勢也故勢主秘焉

太宗曰漢高祖能將將其後韓彭見誅蕭何下獄何故如此靖曰臣觀劉項皆非將將之君當秦之亡也張良本爲韓報仇陳平韓信皆怨楚不用故假漢之勢自爲奮爾至于蕭曹樊灌悉由六命高祖因之以得天下設使六國之後復立人人各懷其舊則雖有能將

論劉洞心透骨吾因想見其人

將之才豈爲漢用哉臣謂漢得天下由張良借箸之謀蕭何漕輓之功也以此言之韓彭見誅范增不用其事同也臣故謂劉項皆非將將之君

六書參考

武王問太公曰引兵深入諸侯之地遇大林與敵分林相拒吾欲以守則固以戰則勝爲之柰何太公曰使吾三軍分爲衝陳便兵所

處弓弩爲表戟楯爲裏斬除林木極廣吾道以便戰所高置旌旗謹勑三軍無使敵人知吾之情是謂林戰林戰之法率吾矛戟相與爲伍林間木疎以騎爲輔戰車居前見便利戰不見便則止林多險阻必置衝陳以備前後三軍疾戰敵人雖衆其將可走更戰更息各按其部是謂林戰之紀

司馬法曰順天阜財懌衆利地右兵是謂五

順天者奉陰陽寒暑之時阜財者因糧于敵懼衆若勉而若之若順也利地在守險右兵在得弓矢弋戟之用見敵与我相半是兩相當不可離舉

慮順天奉時阜時因敵懼衆勉若利地守隘險阻右兵弓矢禦殳矛守戈戟助凡五兵五當長以衛短短以救長迭戰則久皆戰則強見物與侔是謂兩之主固勉若視敵而舉將心心也衆心心也馬牛車兵佚飽力也教惟豫戰惟節將軍身也卒支也伍指拇也

武侯問吳起曰今秦脅吾西楚帶吾南趙衝吾北齊臨吾東燕絕吾後韓據吾前六國之

發前人之未發

兵四守勢甚不便憂此柰何起對曰夫安國家之道先戒爲寶今君已戒禍其遠矣

尉繚子曰凡兵制必先定制先定則士不亂士不亂則刑乃明金鼓所指則百人盡鬬陷行亂陳則千人盡鬬覆軍殺將則萬人齊刃天下莫能當其戰矣古者士有什伍車有偏列鼓鳴旗麾先登者未嘗非多力國士也先死者亦未嘗非多力國士也損敵一人而損

我百人此資敵而損我甚焉

又將理曰凡將理官也萬物之主也不私于一人夫能無私于一人故萬物至而制之萬物至而命之君子不救囚于五步之外雖鉤矢射之弗追也故善審囚之情不待箠楚而囚之情可畢矣笞人之背灼人之脇束人之指而訊囚之情雖國士有不勝其酷而自誣矣今世諺云千金不死百金不刑試聽臣之

切中
可憐

言行臣之術雖有堯舜之智不能關一言雖有萬金不能用一銖今夫決獄小圄不下十數中圄不下百數大圄不下千數十人聯百人之事百人聯千人之事千人聯萬人之事聯之者親戚兄弟也其次婚姻也其次知識故人也是農無不離田業賈無不離肆宅士大夫無不離官府如此關聯良民皆因之情也兵法曰十萬之師出日費千金今良民十

論飢寒之由與賈誼治安策畧同

萬而聯於囹圄上不能省臣以爲危也
又治本曰凡治人者何曰非五穀無以充腹
非絲麻無以蓋形故充腹有粒蓋形有縷夫
在芸耨妻在機杼民無二事則有儲蓄夫無
雕文刻鏤之事女無繡飾纂組之作木器液
金器腥聖人飲於土食於土故埏埴以爲器
天下無費今也金木之性不寒而衣繡飾馬
牛之性食草飲水而給菽粟是治失其本而

宜設之制也春夏夫出於南畝秋冬女練於布帛則民不困今短褐不蔽形糟糠不充腹失其治也古者上無肥墝人無勤惰古人何得而今人何失耶耕有不終畝織有日斷機而柰何饑寒蓋古治之行今治之止也夫謂治者使民無私也民無私則天下爲一家而無私耕私織共寒其寒共饑其饑故如有子十人不加一飯有子一人不損一飯焉有喧

此之下言令
之一策

呼酖酒以敗善類乎野物不爲犧牲雜學不爲通儒今說者曰百里之海不能飲一夫三尺之泉足止三軍渴臣謂欲生於無度邪生於無禁太上神化其次因物其下在於無奪民時無損民財夫禁必以武而成賞必以文而成

又戰權曰兵法曰千人而成權萬人而成武權先加人者敵不力交武先加人者敵無威

決勝在已理有固然

神明心也知進退存亡之道則不在必往而有功若輕進敵反制我則勝在敵矣

從敵之求見情而後加兵弱則陵之以表其威定計廟堂受命專制銳氣深入

接故兵貴先勝於此則勝彼矣弗勝於此則弗勝彼矣凡我往則彼來彼來則我往相爲勝敗此戰之理然也夫精誠在乎神明戰權在乎道之所極故知道者必先圖不知土之敗惡在乎必往有功輕進而求戰敵復圖止我往而敵制勝矣故兵法曰求而從之見而加之主人不敢當而陵之必喪其權高之以廊廟之論重之以受命之論銳之以踰垠之

論。則敵國可不戰而

孫子參同卷五　終

兵垣四編四卷附二卷（卷一——卷四）

（明）臧懋循、閔聲 編
（明）湯顯祖等 輯評
（明）閔暎張等 參閲

明天啓元年（一六二一）閔氏刻朱墨套印本

原書高二十九點四釐米，寬十九釐米；

板框高十九點八釐米，寬十四點五釐米。

兵垣四編叙

兵有擬經者徵獨七書

無名氏有兵春秋兵家

論語又有郭良輔武孝

經員半千臨戎孝經其

僭也久矣今七書而獨行四編者何也司馬法三畧六韜黃震駁爲僞書李衛公問答宋阮逸所撰蘇眉山嘗見其草

本尉繚子漢隋置之雜
家且曰善用兵者能殺
卒之半其次殺其十三
其下殺其十一又不可
以訓獨孫吳妙絕古今

芟繁蕪筆精粹出魏武帝手素書簡而確陰符微而奧其彷彿神僊隱君子之言歟博士臧晉叔酷好此書高臥山中

批閱點定悠然有隆中抱膝之思焉閔裏子得之因付剞劂氏最爲精好非獨兕牟家一日不可無此書卽文士亦當

盡心非虛語也頃年遼
左告棘徵調四方師繹
絡出關外緩則眼着頂
上迫則頭藏膝間叩之
孫吳愕不知置對況素

書陰符耶今兩都雖設武學宜博訪海內方聞大儒危坐皐比旁列良家羽林兒爲親授句讀洗發精義使忠孝俠烈

而外習知古名將兵法
之所在豈無奇男子橫
飛怒號而出乎四編其
嚐矢矣驪山老姥遇李
筌始授陰符圯橋老人

遇子房始授素書雖其書未必果眞然猶似隱似僊不遽出太阿授人者乃孫武子以兵法見闔廬矣吳子忍心以殺

妻矣齧臂以訣母矣其
談兵愈快其名心愈熱
而就人亦愈輕惟太公
避于隱溪不餌而釣跗
觸崖若路膝處石若臼

陰符所謂宇宙在手素書所謂潛居抱道以待其時斯人哉斯人哉讀四編者更進而求之師尚父可也

天啟元年正月望日

雲間陳繼儒題於含

譽堂

敘兵垣四編

書生譚兵似衲僧辟鷹小有奇
致固非本色第古来焦正英雄
殺人活人許大手段強半不脱
烏巾白襴中捻合出来須知讀

書皷用政頼明眼人立間地裏
徹底消詳那得只把作文章艸
艸看過後學讀書善法將聖賢
一片忠匡口角發做殺機將世
上一片公共路頭分做敵國將

自家一片平白心掐攪做戰場只解學鴉書不解飛露版只解習女奴字不解賦退虜詩只解鬭殿上虎不解擊河北賊蓋壽代衣冠通坐此病至今々人吞

氣欲挽天河洗不待胡雛之倚嘯也家食數年拋擲汗簡惟得少佳趣於一畫之外五千言之間無人截斷乎江踏蹬被閲衰子窺瀲枯耿陰符黄石諸書似

八

我險使白汗通身襄子西吳名雋當借玉階盈尺集錦窠滿萬與權所長此特婆心一葉而已儒门澹泊用則為帝王師不用則為巖谷叟坡菩薩退位多激

而譚丹談禪譚理學而布衣雄
世亦多激而譚兵縱情帶性靈
才寔甚而重公案參不破下帷
鍼股負劍從師不過為土龍乞
雨參破時五經四書直捱純灰

數斗六花八陣直抵殘碁一枰
耳讀是編者請惕平章除非會
兵水滸南華楞嚴差堪放對不
然必跨鐵裲襠馳生馬駒左右
挽三石弧方謂得力尚未具書

生眼𥘉

泰昌元年十月鹿城顧天埈譔

十

兵垣四編總目

吴子六篇

附編

許恭襄九邊圖幷論

胡總憲海防圖幷論

批閱姓氏

張商英　天覺

唐順之　應德

王世貞　元美

殷　都　無美

湯顯祖　若士

王士騏　冏伯

臧懋循　晉叔

叅閲姓氏

徐亮　元亮

沈承　君烈

閔聲　襄子

閔暎張　文長

陰符經序

毘陵唐順之應德譔
故鄣臧懋循晉叔閲

陰符經一卷首尾三百餘言譚兵家以爲此孫吳鼻祖則以軒轅氏與蚩尤戰於涿鹿謂此爲制勝之書固一說也養生家以爲此枕中鴻寶則以軒轅氏鼎湖昇去扳髯莫及謂此爲長生家言又一說也而余獨以爲不然大抵聖人垂

二語分疏經義朗朗如日月之入懷

世之文精以治身而粗以治天下其精之爲治身則懲忿窒欲之途無不備卽粗之以治天下亦久安長治之策靡不周故五賊之說千條萬貫種種畢具自非大聖人剖玄黃于混沌正蒙否於乾坤隻字不能道亦宜隻字不能易也此書盛行於李唐而文皇至令虞褚諸公手書各二三百本李衛公以下各賜一本蓋歷代帝王惟唐文皇尤寵心兵法當時故見珍重如此向

兩家之言究竟一而二二而一者也

使文皇更加紬繹知聖人垂世之文精以治身粗以治天下不徒是韜鈐讖緯之沿襲則貞觀之治必有不止于貞觀者已此書沿訛既久遂乏善本蓋譚兵家必欲正祖嫡于孫吳之上而養生家必欲彊附會於熊鳥之術宜其彌久而彌訛也頃從蓟門得正文善本遂梓之家塾丞其傳耳不敢以行世也如欲行世則談兵家與養生家又交喙而聚訟何時已耶因弁志其略

如左時嘉靖辛酉中秋日

陰符經考

荆川唐順之輯

按朱熹曰陰符經三百言李筌得於嵩山石壁云寇謙之所藏出於黃帝邵雍以爲戰國時書程頤以爲非商末則周末書或曰黃帝受之廣成子或曰受之玄女或曰黃帝與風后玉女論陰陽六甲退而自著其事或曰此書即筌之所爲也知道者相與印正之

突兀語差可以擬道

陰符經原評

驪山老姥謂李筌曰年少顴骨貫於生門命輪齊於日月腦血未減心影不偏性賢而樂法神勇而好智是吾弟子也授以陰符玄義授訖乃戒曰黄帝陰符三百餘言百言演道百言演法百言演術參演其言以三混之爲一上有神僊抱一之道中有富國安民之法下有彊兵戰勝之術如傳同好必齋戒潔淨不

覺得盡既都自有正骨

得以富貴爲重貧賤爲輕達者奪筭

唐陸龜蒙曰淸晨整冠坐朗詠三百言備識天地意獻詞犯乾坤何事不隱德降靈生軒轅口銜造化斧鑿破機關門五賊忽迸逸萬物爭崩奔虛施神仙要莫救華池源但學戰勝術相高兵甲屯龍蛇競起陸鬬血浮中原成湯與周武反覆更爲尊下及秦漢期賣弄兵亦煩姦邅自休據仁弱無跂蹲狂喉恣吞噬

見地明通筆下了無疑義

逆翼爭飛翻家家伺天發不肯匡淫昏生民墜塗炭比屋爲寃魂祗爲謹此書大樸難久存微臣與軒轅亦是萬世孫未能窮意義豈敢求瑕痕曾亦愛兩句可與賢達論生者死之根死者生之根方寸了十字萬代皆胚渾身外更何事眼前徒自喧黃河但東注不見歸崑崙晝短苦夜永勸若傾一樽

唐皮日休曰三百八十言出自伊祁氏上以生

此篇筆陣森森如百尺松磊砢有節目

神僊次云立仁義玄機一以發五賊紛然起結爲日月精融作天地髓不測似陰陽難名若神鬼得之昇高天失之沉厚地具茨雲木老大塊煙霞委自顓頊以降賊爲聖人軌堯乃一庶人得之賊帝摯摯見其德尊脫身授其位舜惟一鰥民冗冗作什器得之賊帝堯白丁作天子禹本刑人後以功繼其嗣得之賊帝舜用以平洚水自禹及文武天機晵然

歸畫宣老應如是佳撰

施姬公樹其綱賊之爲聖智聲詩川兢大禮樂山爭峙爰從幽厲餘宸極作孩稚九伯眞犬彘諸侯實虎兕五星合其耀白日下闕里由是生聖人於焉當亂紀黃帝之五賊拾之若青紫高揮春秋筆不可刊一字賊子虐甚欣姦臣痛於箠及至千餘年蚩蚩受其賜時代更復改刑政崩且陊余將賊其道所動多詆毀叔孫與臧倉賢聖多如此如何黃帝機

亦似窺見一斑

風語真堪把臂入林

吾得多坎蹟

宋張商英曰宇宙在乎手萬化生乎身道至於此則鬼神變化皆不逃吾之術而況於刑名度數之間者歟

宋陳淵曰陰符經黄帝受之廣成子廣成子即老聃也世多列之道家言不知乃兵書之祖

元高似孫曰軒轅氏鑿天之奥洩神之謀著書曰陰符與八卦相表裏其辭其旨通乎神涉

乎幾入乎潻惟潻也故能通天下之志惟幾
也故能見天下之賾惟神也故不疾而速不
行而至其曰天有五賊見之者昌此又出於
羲畫之表人固有五賊特莫之見耳若能見
之何止乎昌耶

陰符經目錄

自然而然者天之道也九旋右轉運而不絶者天之行也

觀與執最為吃緊

機字是通章要訣

陰符經 天機暗合於事機故曰陰符

黃帝公孫軒轅著

毘陵唐順之評釋

故鄣臧懋循叅訂

神僊抱一演道章 一者天炁也人氣與天氣相接而不絶也乃為神僊抱一

觀天之道執天之行盡矣天有五賊見之者昌一帶血脈骨會處五賊在心施行於天宇宙在乎手萬化生乎身天性人也人心機也立天之道以定人也天發

殺藏於機按張果註云若會殺機明反覆始知害裏却生恩此渴篇中妙訣

按李荃曰六識皆空湛然虛寂遺形忘物靜之理也吐納以鍊五臟導引以閑百關誦寶章以怡神鍊金精以固形動之理也

三者互相賊害總謂之盜不善盜者盜其形不盜其精故反為萬物所

殺機移星易宿地發殺機龍蛇起陸人發殺機天地反覆天人合發萬變定基性有巧拙可以伏藏九竅之邪在乎三要可以動靜火生於木禍發必尅姦生於國時動必潰知之修煉謂之聖人

富國安民演法章（真精鍊液神昭則萬物皆安國中有寶故曰富國安民也）

天生天殺道之理也天地萬物之盜萬物人之盜人萬物之盜三盜既宜三才既安故曰食其

盜善盜者不然能範圍天地曲成萬物而三才安乎

盜機自虛中來從無中入人但見其賊害之迹而不能知其賊害之機

李荃曰三還七返之道從子至亥謹守三要晝夜存之而不失則水火濟焉戾氣已盡還丹成矣將制精猶御已尸滅瞑有萬倍之功焉目之所至心亦至焉佛氏所謂心生性滅心滅性現是也

時百骸理動其機萬化安人知其神之神不知不神之所以神日月有數大小有定聖功生焉神明出焉其盜機也天下莫能見莫能知君子得之固躬小人得之輕命

彊兵戰勝演術章 真炁戰退陰炁故曰彊兵戰勝

瞽者善聽聾者善視絕利一源用師十倍（師是也）三返晝夜用師萬倍（古所謂師制之兵無形之）心生於物死於物機在目天之無恩而大恩生迅雷烈風莫不蠢然至樂性餘

禽取之訣在乎鍊氣所謂真土禽真鉛真鉛制真汞非至靜不能

生死即動靜動極而静静極復動一動一静互為其根

愚人以天地文理求聖故高遠難窺我則就時行物生求聖則顯而易見故曰哲以愚虞聖四語俱闡明此二句

昔人有言人心中自可起八卦不必龍馬負圖

至靜性廉天之至私用之至公禽之制在氣生者死之根死者生之根恩生於害害生於恩愚人以天地文理聖我以時物文理哲人以愚虞聖我以不愚虞聖人以奇其聖我以不奇其聖沉水入火自取滅亡自然之道靜故天地萬物生天地之道浸故陰陽勝陰陽相推而變化順矣是故聖人知自然之道不可違因而制之至靜之道律曆所不能契爰有奇器是生萬象八

信乎奇器中自具微妙也聖人觀天之道執天之行禽以五賊運之以神机反天復地于奇器之中直造混元未判之先矣

陰陽摩盪五行生剋人之周身賊害在所不免脩煉如聖人且不易爲功矧愚人乎

卦甲子神機鬼藏陰陽相勝之術昭昭乎進乎象矣

解

天道陰陽五行施行於天有相變相勝之氣自然而相於生生而相於殺生爲恩殺爲害害爲賊五賊在人九竅中日日有損愚人目光外惑不能觀見若能觀而見之則當數倍用師禽執此賊雖使五賊施行於天吾以攝

心机喚發寔在目此即就天文標出樣子何等著眼

之於心運之於掌所以觀而執之天機也天機者天性也天性者人心也心爲機本機在於發天機發在斗斗者天之目也受天機幹天行陰爲機者炁陽爲機者生地機發在雷則龍蛇氣流龍蛇者地之氣也天地殺機卽其生機天地交合宇宙不散人在其中因能見此五賊發而制之靜則潛於恩門動則轉於害機精氣逆來起於命蒂推反陰陽交割

伏藏實是歸根復命

聖人抱元守一跳出五行猶木藏火而不爲火所尅國藏奸而不爲奸所潰也

天地所謂宇宙在手萬化在身可以定基可以定人天機定也夫內使天機者外事不可入性有巧拙可以伏藏伏藏爲機伏藏爲巧盜洩吾機常在九竅伏藏爲眞流露爲邪能知三要則可動靜三要者三盜也三盜者五賊也木中有火火出則木尅國中有奸身中有邪知而煉之火爲我用賊爲我禽謂之聖人聖人何知知天之道生以殺之天道自然

始則萬化生次則萬化定矣此則萬化安皆修煉之所致也

也故天地以五賊盜萬物萬物以五賊盜人人以五賊盜萬物一氣混成三才互吞以成宇宙以生萬物所謂三要也三要相盜出入九竅人外形能食味神能食氣也食失時靈物受病故食天地萬物以時則養不屈人心機也動天地萬物以機則動不危故曰知三要者可以動靜似乎不神而有所以神何也所謂食之時不出日月之時動之機不離萬

通天地妙萬物故不神之所以神此脩坤之功神而明之也

物小大之機日月在於數中小大定於象中律而侃之曆而步之非有神奇也然而食之理骸動之化安聖由此功神由此明則不神而神聖人以此盜天地萬物而不爲天地萬物盜矣謂之盜機也人莫能見見之者昌人莫能知知而修之謂之聖人君子竊其微妙以資性小人窺弄其機以輕命君子何以固躬流露其身則身非固器矣故聾者精絕於

心者神之舍目者神之牖生死從此照臨

耳則合於神視之不可勝用也瞽者神絕於目則藏於精聽之不可勝用也九竅之巧第絕其一原視聽功力已自十倍剏倒握天機三反晝夜動靜其中三十六時能食其時能動其機禽賊之師固當萬倍矣此中生死全係於心心以物生則神不居妙心以物死則精可合明生死機關全在目精也夫目在九竅中最爲巧利盜之所影邪之所禪絕利藏

夫人天生形質大欲存焉非至私乎然至樂至静不着恩愛則用之至公矣是以餘生五賊唯在制之以氣耳

巧宜自目先反精自照五賊可見因而制之聖功此根神明此運也若不轉自機關必在情中生炇是故天性之人烈風迅雷大發殺機以開生氣百骸萬化鼓動欣然所謂害氣生恩美哉樂哉樂則似其性中有餘巧絕物炇至靜也靜則似其性廉夫至靜之性乃天性也天道害而生恩公而成私故烈風迅雷者天氣之機也五賊無時禽之在氣機葢目

恩即天之生物害即天之殺物如春生夏長秋收冬藏皆是天地大道若此人事亦同之

者人之星宿也持轉易之關故曰機在目氣者人之龍蛇也存伏藏之用故曰制在氣明於二在者可以三反可以反覆天地矣五賊成禽此眞宇宙在手矣故夫生死相根恩害一門生者死之死者生之恩者害之害者恩之乃爲反覆天地聖功也人知神之爲神故以天文星宿地理蛇龍之類爲聖我知不神之所以神故以時文物理爲哲日月有數時

沇水入火者肆欲縱情自以為奇不知乃愚也畢竟水火相制返引賊真始為聖人

之文也小大有定物之理也食其時動其機知之哲也是故藏巧絕利不可以愚虞目機氣制不可以奇期有愚與奇不名自然道不自然有害無愚沇水入火非愚則奇也夫水火五賊之交也制之不以自然小人得之輕命矣夫禽制之法豈有奇哉自然則靜不自然則動動則死靜則生自然而靜者浸也浸而生者推也浸以推浸以移因浸以勝陰陽

道以自然故靜唯制爲脩煉之術者乃與靜合也若云律曆不過驗其候紀其運耳烏足以擬道哉

之制自然也知之者聖人因而制在氣靜相生也浸相勝也不使其心不作其機密而用之潛而遷之至靜之行非有律曆也靜中若動奇器生焉奇者獨露之機器者運功之象是生八卦甲子循環律曆陰陽之用皆三十六矣日月有數小大有定五賊生众其中三反上下其際其盜機也甚伏藏也甚日以勝相生以生相勝不禽而禽無制而制萬象之

結局一氣貫串經文大意了然如明河之在天

先自然之内也昭昭乎其以時物文理哲乎故曰觀天之道執天之行盡矣天之道自然天之行浸故不知浸以自然則不能行八卦甲子不能行八卦甲子則不知三反晝夜不知三反晝夜則不能天地反覆然則雖見五賊不得禽之爲用不爲用則奸生而禍克矣夫惟聖人昭昭乎見而制之故有昌無亡

臨川湯顯祖若士輯

素書序

宋張商英天覺註
明臧懋循晉叔閲

黄石公素書六編按前漢列傳黄石公圯橋所授子房素書世人多以三略爲是葢傳之者誤也晉亂有盜發子房塚於玉枕中獲此書凡一千三百言上有秘誡不許傳於不神不聖之人若非其人必受其殃得人不傳亦受其殃嗚呼

其愼重如此黄石公得子房而傳之子房不得其傳而葬之後五百餘年而盜獲之自是素書始傳於人間然其傳者特黄石公之言耳而公之意其可以言盡哉余竊嘗評之天人之道未嘗不相爲用古之聖賢皆盡心焉堯欽若昊天舜齊七政禹叙九疇傳説陳天道文王重八卦周公設天地四時之官又立三公以爕理陰陽孔子欲無言老聃建之以常無有陰符經曰宇

書中義畢竟子房見得多

宙在乎手萬化生乎身道至於此則鬼神變化皆不逃吾之術而況於刑名度數之間者歟黄石公秦之隱君子也其書簡其意深雖堯舜禹文傳說周公孔子老聃亦無以出此矣然則黄石公知秦之將亡漢之將興故以此書授子房而子房者豈能盡知其書哉凡子房之所以爲子房者僅能用其一二耳書曰陰計外泄者敗子房用之常勸高帝王韓信矣書曰小怨不赦

大怨必生子房用之嘗勸高帝矦雍齒矣書曰決策於不仁者險子房用之嘗勸高帝罷封六國矣書曰設變致權所以解結子房用之嘗致四皓而立惠帝矣書曰吉莫吉於知足子房用之嘗擇嚣自封矣書曰絶嗜禁欲所以除累子房用之嘗棄人間事從赤松子遊矣嗟乎遺糟棄滓猶足以亾秦項而帝沛公況純而用之深而造之者乎自漢以來章句文詞之學熾而知

觀以下六事始信書言如神

道之士極少如諸葛亮王猛房琯裴度等輩雖
號爲一時賢相至於先天大道曾未足以知髣
髴此書所以不傳於不道不神不聖不賢之人
也離有離無之謂道非有非無之謂神有而無
之之謂聖無而有之之謂賢非此四者雖口誦
此書亦不能身行之矣

二六四

素書考

宋張商英輯

按黄石公三略三卷兵書三卷三奇法一卷陰謀軍秘一卷五壘圖一卷内記敵法一卷秘經一卷張良經一卷素書六編前漢列傳黄石公圯上所授素書以三略爲是葢傳聞之誤也晉亂盜發子房塚於玉枕中獲此書凡一千三百言上有秘戒云

此老矍鑠似姜
骨幹奇亦庸之

黃石公傳

雲臺慎懋賞撰

黃石公者吾不知其何如人亦不知其所自始但聞秦皇帝時天下方清夷無事羣黎束手聽命斬木揭竿之變未纖塵萌也韓國復侁男子張良策壯士陰擊之萬夫在護不支大索十日不得其目中已無秦謂旦夕梟政首掛太白旗而怏也遊下邳圯上徘徊四顧凌鑠宇宙卽英

雄豪傑孰有如秦皇帝者秦皇帝不畏而畏他人耶俄而一老父至良所墮履圯下顧謂良曰孺子下取履良愕然爲其老彊忍下取履跪進老父以足受之良大驚老父去里許還曰孺子可教矣後五日平明與我期此良怪之應曰諾五日平明往老父已先在怒曰與老人期後何也去後五日早會良鷄鳴而往老父又先在復怒曰後何也去後五日復早來良乃半夜往有

項老人來喜曰孺子當如此乃出一編曰讀是
則爲王者師後十三年子求我濟北穀城山下
遂去不復見旦視其書乃太公兵法良奇之因
誦習以說他人皆不能用以說沛公輒有功由
是解鴻門厄銷六國印擊疲楚都長安以有天
下其自爲謀則起布衣復韓仇爲帝師且當其
身免誅夷詔獄之慘後十三年過穀城山無所
見迺取道傍黄石葆而祠之及良死幷葬焉示

更生一節非智者之言

不忘故也故曰黃石公嗚呼良之所遇奇矣或曰老人神也愚則曰此老氏者流假手於人以快其誅秦滅項之志而已安享其逸者也聃之言曰善攝生者無死地又曰代司殺者是謂代大匠斲夫代大匠斲希有不傷手矣此固巧於避斬殺而善於掠榮名者是以知其非神人也蘇軾之言曰張良出荆軻聶政之計以僥倖於不死老人深惜之故出而教之夫愛赤子者爲

之避險絶危老人之於良也嘗試之秦項戈矛之中而肩迹於韓彭殺戮之際如是而謂之愛也奚可哉

素書原評

秘誡曰不許傳於不神不聖之人若非其人必受其殃得其人而不傳者亦受其殃

漢梁肅曰黄帝方平蚩尤時乃玄女啓符風后行誅漢祖方征秦項時乃黄石授書留侯演成易稱人謀鬼謀百姓與能又曰神道設教而天下服

宋蘇軾曰子房受書於圯上老人其事甚怪安

婉轉頗生波老泉論族義得中

知非秦之世有隱君子者出而試之世不察以爲鬼物亦已過矣子房以蓋世之才不爲伊尹太公之謀而特出於荆軻聶政之計以僥倖於不死此圯上老人之所深惜老人者以爲子房才有餘而憂其度量之不足故深折其少年剛鋭之氣使之忍小忿而就大謀耳。

明程敏政曰留侯遇圯上老父之事若近於怪

說有根同即黄石亦應點頭

以予觀之殆讀史者之不審也史記老父與留矦約異日見濟北穀城山黄石即我也後留矦果得而祠之味史之言乃老父自謂其年已邁後當葬彼以黄石志其處亦猶莊子所謂索我於枯魚之肆耳留矦得而祠之葢尊其塚上之物亦不忘其人也今乃謂老父化爲黄石豈理也哉

王瑋曰按黄石公記黄石鎮星之精也黄者

蘇程之撫實班馬之步虛各得所見耳似無容鑿鑿也

星也石者星質也而太史公班孟堅皆謂學者多言無鬼神如良所見老父予書亦異也豈可謂非天乎蓋眞以黃石爲鬼神也與昌黎韓子以桃源爲神仙何異哉眉山蘇公曰黃石公古之隱君子也是可以袪千載之惑矣然必賴程公之言蘇公之意始白

汪宗伊曰子房擊秦博浪爲韓報讐黃石公壯其志而惜其輕於用才也於是命之取履

以折其氣再與之期以固其堅忍之志然後
授之書使效於用厥後子房運籌決勝輔劉
滅項附耳封信辟穀請留固不出黃石範圍
之内也

素書目録

本德宗道

第五章

遵義

第六章

安禮

素書

素者符先天之脉合玄元之体在人則為心在事則為机冥而無象微而難窺秘密而不可測筆之於書天地之秘泄矣

穀城山人黄石公授

韓人張子房受

宋人張商英恭

原始章

道原於天賢人君子体道而行則興衰成敗治亂去就間自無不當惟道重則行道亦重故窮達之際君子審焉

夫道德仁義禮五者一體也道者人之所蹈使萬物不知其所由德者人之所得使萬物各得

四語包含多少

其所欲仁者人之所親有慈惠惻隱之心以遂其生成義者人之所宜賞善罰惡以立功立事禮者人之所履夙興夜寐以成人倫之序夫欲爲人之本不可無一焉賢人君子明於盛衰之道通乎成敗之數審乎治亂之勢達乎去就之理故潜居抱道以待其時若時至而行則能極人臣之位得機而動則能成絕代之功如其不遇沒身而已是以其道足高而名重於後代

根據前章道是而向衆

正道章

此章揭道之体析道之用為賢人君子者不可離道亦不可離試特以處
窮處達之法言之見時不可濫相不可失不熟以道殉人者亦何重之有

德足以懷遠信足以一異義足以得衆才足以鑒古明足以照下此人之俊也行足以爲儀表智足以決嫌疑信可以使守約廉可以使分財此人之豪也守職而不廢處義而不回見嫌而不苟免見利而不苟得此人之傑也

此章從豪傑三者撥於道中錄列出人殉此處
或謂傑勝豪豪勝俊使廉又離必非立言本旨

高行微言即危行言遜之意

君子語默以時出處以道括囊而不見其美順

求人之志章

絕嗜禁欲所以除累抑非損惡所以禳過貶酒闕色所以無汚避嫌遠疑所以不誤博學切問所以廣知高行微言所以修身恭儉謙約所以自守深計遠慮所以不窮親仁友直所以扶顛近恕篤行所以接人任材使能所以濟務殫惡斥讒所以止亂推古驗今所以不惑先揆後度所以應卒設變致權所以解結括囊順會所以

會而不發其機所以免咎也

以文事武備似以情誅為賊

漢疑韓信而任之而信叛唐疑李懷光而任之而懷光遂逆

無咎（不撓不屈）橛橛梗梗所以立功孜孜淑淑所以保終

道非志弗見故絕嗜禁欲譬語懲以勉人之志志無滲漏即為侍道之君子矣

本德宗道章

夫志心篤行之術長莫長於博謀安莫安於忍辱先莫先於修德樂莫樂於好善神莫神於至誠（清明在躬志氣如神）明莫明於體物吉莫吉於知足苦莫苦於多願悲莫悲於精散病莫病於無常短莫短於苟得幽莫幽於貪鄙孤莫孤於自恃危莫危於任

賞不以功罰不以罪者佞惡直黨親疏遠小則結匹夫之怨大則激天下之怨敗之道也

文王不大聲以色天下畏之故當危曰不怒而民威於鈇鉞

疑敗莫敗於多私

此章言本必本於宗必宗道然非志心篤行者不能体道合德中間言之弊繫

遵義章

義者人之所宜賞善罰惡以立功立事唯遵義則事功不墮否則其弊立見矣

以明示下者闇有過不知者蔽迷而不返者惑以言取怨者禍令與心乖者廢後令繆前者毀怒而無威者犯好衆辱人者殃戮辱所任者危慢其所敬者凶貌合心離者孤親讒遠忠者亾

（有志於天下者雖仇必用以其才也雖怨必錄以其功也漢祖侯雍齒錄功也唐太宗相魏徵錄才也）

（陰計外泄如易所謂君不密則失臣臣不密則失身）

近色遠賢者惛女謁公行者亂私人以官者浮（如牛仙客爲相是也）凌下取勝者侵名不勝實者耗略己而責人者不治自厚而薄人者棄廢以過棄功者損（如漢祖之於淮陰）群下外異者淪既用不任者踈（項羽之刻印是也）行賞恡色者沮多許少與者怨既迎而拒者乖薄施厚望者不報貴而忘賤者不久念舊惡而棄新功者凶（楚用劉邦後歸于劉強也）用人不得正者殆彊用人者不畜爲人擇官者亂失其所彊者弱決策於不仁者險陰計外泄者敗厚

失身机事不密則害成是也

此四語切中時事

歛薄施者凋戰士貧遊士富者衰貨賂公行者昧聞善忽略記過不忘者暴所任不可信所信不可任者濁牧人以德者集繩人以刑者散小功不賞則大功不立小怨不赦則大怨必生賞不服人罰不甘心者叛賞及無功罰及無罪者酷聽讒而美聞諫而仇者亡能有其有者安貪人之有者殘

自有其有則心逸身安

此章同前章消與德以見義在所必遵故歷指其如此欲入君子者有跡漏人品事功無一不踈則志心篤行為尤要云

唐堯之節儉李悝之盡地力句踐之生聚漢之平準皆迎來之術也

李逢吉之友八關十六子是也元帝之臣如弘恭石顯是也堪爲枉士二句左證

安禮章

禮者人之所履不安於理便多非違之象故以安禮結之治身治家治國舍此不可至其用兵虞舜允約而誕敷之舞干而苗格非安禮與

怨在不捨小過患在不預定謀福在積善禍在積惡饑在賤農寒在墮織安在得人危在失士富在迎來貧在棄時上無常躁下多疑心（臨斷無常犀情猜疑）輕上生罪侮下無親近臣不重遠臣輕之自疑不信人自信不疑人（淮南王之於平津侯是也）枉士無正友曲上無直下危國無賢人亂政無善人愛人深者求賢急樂得賢

此四語以明人淺薄則無道德國淺薄則無忠良也

者養人厚國將霸者士皆歸邦將亾者賢先避
地薄者大物不產水淺者大魚不遊樹禿者大
禽不栖林疏者大獸不居山峭者崩澤滿者溢
棄玉取石者盲羊質虎皮者辱衣不舉領者倒
走不視地者顛柱弱者屋壞輔弱者國傾足寒
傷心人怨傷國山將崩者下先隳國將衰者人
先弊根枯枝朽人困國殘與覆車同軌者傾與
亾國同事者滅見已往慎將來惡其迹者預避

慎重者執而不圓故可使守固若臨陣則必致失机貪則志在必得其氣必銳故可使攻取不陣則必致爭功此數語誠古今用兵之要領帝王致勝之善策也

六國合從諸葛通吳非有仁義也特共難耳

之畏危者安畏亾者存夫人之所行有道則吉無道則凶吉者百福所歸凶者百禍所攻非其神聖自然所鍾務善策者無惡事無遠慮者有近憂重可使守固不可使臨陣貪可使攻取不可使分陣廉可使守主不可使應機五者各隨其材而用之同志相得同仁相憂同惡相黨同愛相求同美相妒同智相謀同貴相害同利相忌同聲相應同氣相感同類相依同義相親同

此二語復總收前段

素書　六

相反如蕭曹故事

數與理二字是篇脈絡構處

難相濟同道相成同藝相規同巧相勝此乃數之所得不可與理違釋已以教人者逆正已以化人者順逆者難從順者易行難從則亂易行則理詳體而行理身理家理國可也

此章見理身理家理國必須豫為圖維故援理以次之援數以明之總見道德仁義禮為為人之本為治家治國之要及覆中詳得失之理治亂之形與夫用兵之要罔不備具矣

孫子序

瑯琊王世貞元美譔

故鄣臧懋循晉叔閱

世傳孫子十三篇其言或不盡傳大要與管子六韜越語相出入太史遷載孫武齊人而用於吳闔閭時破楚入郢爲大將武稱雄於言兵其書自始計至用間率多權譎叵測輔之以仁爲言縱横猋忽莫可端倪故梅聖俞評其書爲戰

拈出機權二字庶幾正鋒是牧之妙論是孫子妙用

國相傾之說而鄭厚則以詞約而縟易而深暢而可用論語易大傳之流蓋唐杜牧之喜論兵其論武大略用仁義使機權因備注之以發其意自聖俞與杜鄭代爲軒輕而宋初四庫書目所撰孫子註二十餘家人輒雌黃未有以折也夫以聖俞之自背於杜鄭殆故創爲異求淵前說而空之耳卒亦愛其文略而意深其行師用兵料敵制勝亦皆有法顧諸家所雌黃者蓋其

從山陰道上行使人應接不暇

言曰三代王者之師司馬九伐之法昭如兩曜安所取詭道用之是不然也孔子嘗相其君會夾谷矣逆揣齊變而具左右司馬兵萊夷萬世而下慕爲神武夫孔子而賤陰螯如季友孟勞之搏則可然曷以善桓公犄角江黄悼公還師敝楚哉雖吳用兵時僾荆王尸分處君大夫之室亦伍員之挾撼而倒行而逆施之非武志也令武及孔子時所謂十三篇者縱不敢方三代

此亦投機之評

聖俞居心不淨強欲傾險人耶

行師詎不與桓悼方軌而出哉孔子於兵自云我戰則必克以此取孫子可知也是故孔子而不當孫子已耳孔子而當孫子則必引而附之敬仲知瑩使亞旅其間當不至賤之如于鄰也蓋梅聖俞涉孫氏之藩者也而遺於仁則詆以傾險鄭厚亟取其仁者也而略於藩遂擬以論語易大傳之流夫妄爲詆且擬而罔中其窽等過耳然則數世而下評武子者牧之其知言哉

孫子外。管子六韜越語。不倍各有序指亦稱是。

十三篇爲世所雌黄其微言妙旨政是隱躍弇州先生剔發之非唯使人情開滌亦覺日月清朗

行文在有意無意之間多得之司馬子長

> 按通篇以兵法二字作骨前武以兵法見吳王卒爲名將後臏學兵法乃爲齊威王師凡顯當時傳後世者皆兵法也

孫子傳

龍門　司馬遷譔

孫子武者齊人也以兵法見於吳王闔廬闔廬曰子之十三篇吾盡觀之矣可以小試勒兵乎對曰可闔廬曰可試以婦人乎曰可於是許之出宮中美女得百八十人孫子分爲二隊以王之寵姬二人各爲隊長皆令持戟令之曰汝知而心與左右手背乎婦人曰知之孫子曰前則

此與田穰苴斬
莊賈同律

視心左視左手右視右手後即視背婦人曰諾
約束既布乃設鈇鉞即三令五申之於是鼓之
右婦人大笑孫子曰約束不明申令不熟將之
罪也復三令五申而鼓之左婦人復大笑孫子
曰約束不明申令不熟將之罪也既已明而不
如法者吏士之罪也乃欲斬左右隊長吳王從
臺上觀見且斬愛姬大駭趣使使下令曰寡人
已知將軍能用兵矣寡人非此二姬食不甘味

吳王用孫子而寵姬戮景公用穰苴而莊賈誅彼二君非不顧寵幸也知將不可以寵幸奪也

願勿斬也孫子曰臣既已受命爲將將在軍君命有所不受遂斬隊長二人以徇用其次爲隊長於是復鼓之婦人左右前後跪起皆中規矩繩墨無敢出聲於是孫子使使報王曰兵既整齊王可試下觀之唯王所欲用之雖赴水火猶可也吳王曰將軍罷休就舍寡人不願下觀孫子曰王徒好其言不能用其實於是闔廬知孫子能用兵卒以爲將西破彊楚入郢北威齊晉

重射以重相射下文千金是也

顯名諸侯孫子與有力焉孫武既死後百餘歲有孫臏臏生阿鄄之間臏亦孫武之後世子孫也孫臏嘗與龐涓俱學兵法龐涓既事魏得爲惠王將軍而自以爲能不及孫臏乃陰使召孫臏臏至龐涓恐其賢於已疾之則以法刑斷其兩足而黥之欲隱勿見齊使者如梁孫臏以刑徒陰見說齊使齊使以爲奇竊載與之齊齊將田忌善而客待之忌數與齊諸公子馳逐重射

孫子三駟之說可以施之射金而不可以施之軍旅枹鼓之間乃有祖之爲陣法者何也

孫子見其馬足不甚相遠馬有上中下輩於是孫子謂田忌曰君第重射臣能令君勝田忌信然之與王及諸公子逐射千金及臨質孫子曰今以君之下駟與彼上駟取君上駟與彼中駟取君中駟與彼下駟既馳三輩畢而田忌一不勝而再勝卒得王千金於是忌進孫子於威王威王問兵法遂以爲師其後魏伐趙趙急請救於齊齊威王欲將孫臏臏辭謝曰刑餘之人不

攻所謂攻其不備也

可於是乃以田忌爲將而孫子爲師居輜車中坐爲計謀田忌欲引兵之趙孫子曰夫解雜亂紛糾者不控捲救鬬者不搏撠批亢擣虛形格勢禁則自爲解耳今梁趙相攻輕兵銳卒必竭於外老弱罷於內君不若引兵疾走大梁據其街路衝其方虛彼必釋趙而自救是我一舉解趙之圍而收弊於魏也田忌從之魏果去邯鄲與齊戰於桂陵大破梁軍後十五年魏與趙攻

伏後輕銳倍日并行案

韓韓告急於齊齊使田忌將而往直走大梁魏將龐涓聞之去韓而歸齊軍旣已過而西矣孫子謂田忌曰彼三晉之兵素悍勇而輕齊齊號爲怯善戰者因其勢而利導之兵法百里而趣利者蹶上將五十里而趣利者軍半至使齊軍入魏地爲十萬竈明日爲五萬竈又明日爲三萬竈龐涓行三日大喜曰我固知齊軍怯入吾地三日士卒亾者過半矣乃棄其步軍與其輕

應前百里而趣利蹶上將

銳倍日并行逐之孫子度其行暮當至馬陵馬陵道狹而旁多阻隘可伏兵乃斫大樹白而書之曰龐涓死於此樹之下於是令齊軍善射者萬弩夾道而伏期曰暮見火舉而俱發龐涓果夜至斫木下見白書乃鑽火燭之讀其書未畢齊軍萬弩俱發魏軍大亂相失龐涓自知智窮兵敗乃自剄曰遂成豎子之名齊因乘勝盡破其軍虜魏太子申以歸孫臏以此名顯天下世

此結句與篇首相應。

傳其兵法

孫子目錄

孫子

始計第一

此篇先論兵家之大凡後乃次其事詳之

弇州山人王世貞評釋

言經度下五事校量下七計以探索彼我勝負之情

孫子曰兵者國之大事死生之地存亡之道不可不察也故經之以五事校之以計而索其情一曰道二曰天三曰地四曰將五曰法道者令民與上同意可與之死可與之生而不畏危也天者陰陽寒暑時制也地者遠近險易廣狹死

一篇大旨

導之以政令

此先人和之效驗

順天行誅因陰陽四時之制

其所論五事大都本軒轅

此言制勝者先選將

此下至不可先傳俱言詭道

生也將者智信仁勇嚴也法者曲制官道主用也凡此五者將莫不聞知之者勝不知者不勝故校之以計而索其情曰主孰有道將孰有能天地孰得法令孰行兵衆孰彊士卒孰練賞罰孰明吾以此知勝負矣將聽吾計用之必勝留之將不聽吾計用之必敗去之計利以聽乃爲之勢以佐其外勢者因利而制權也兵者詭道也故能而示之不能用而示之不用近而示之

部曲有制分官有道

川有主也

天時地利

將兼大將偏裨言

常法之外

遠而示之近如韓信之襲安邑陳舟臨晉而渡于下陽也

兵機貴密此叟駢深壘固軍之謀一泄而事遂瓦解

遠遠而示之近利而誘之亂而取之實而備之彊而避之怒而撓之卑而驕之佚而勞之親而離之攻其無備出其不意此兵家之勝不可先傳也夫未戰而廟筭勝者得筭多也未戰而廟筭不勝者得筭少也多筭勝少筭不勝而況於無筭乎吾以是觀之勝負見矣

如曹操弃輜重誘袁紹于延津是也

此下言制勝者必先定計於廟堂

篇中五事已盡兵家之勝而權則專之將故中言選將蓋將之敗君之過也其深謀行之閫外而運

籌則斷之主裁故言廟堂之上貴多筭總之以其
爲國之大事死生之地存亾之道不可不察而欲
其君慎始之意此武子能以其術干闔閭西破楚
北服齊晉而霸諸侯蓋亦闔閭之定計而任將者
審也

首言其用兵之衆

此言其費用之繁

如吳伐楚入郢久而不歸越乘其弊襲而滅之當時雖有孫子子胥俱不能爲兵善后之計從可見矣

作戰第二　言欲戰必先算其費務因糧於敵

孫子曰凡用兵之法馳車千駟革車千乘帶甲十萬千里饋糧內外之費賓客之用膠漆之材車甲之奉日費千金然後十萬之師舉矣其用戰也勝久則鈍兵挫銳攻城則力屈久暴師則國用不足夫鈍兵挫銳屈力殫貨則諸侯乘其弊而起雖有智者不能善其後矣故兵聞拙速未覩巧之久也夫兵久而國利者未之有也故

輕車　重車　算賞猶在外也　開行兵家使　拙而速勝不貴巧而久持

籍賦也言初賦民便取勝不復歸國發兵始用糧后遂因食于敵也

軍行已出界近于師者貪財皆貴賣

丘邑之牛長轂之車

不盡知用兵之害者則不盡知用兵之利也善用兵者役不再籍糧不三載取用於國因糧於敵故軍食可足也國之貧於師者遠輸遠輸則百姓貧近師者貴賣貴賣則百姓財竭財竭則急於丘役力屈財殫中原內虛於家百姓之費十去其七公家之費破車罷馬甲冑弓矢戟楯矛櫓丘牛大車十去其六故智將務食於敵食敵一鍾當吾二十鍾萁秆一石當吾二十石故

此以下皆作戰之法

應前久暴師則國用不足

殺敵者怒也取敵之利者貨也車戰得車十乘以上賞其先得者而更其旌旗（與吾同也）車雜（不獨任也）而乘之卒善而養之是謂勝敵而益彊（此、重）故兵貴勝不貴久

故知兵之將民之司命國家安危之主也

結上文兵貴速不貴○久之意

篇中屢言久役之害此周宣王時六軍之士有呼祈父而怨者蓋司馬之不知兵也

謀攻第三

孫子曰夫用兵之法全國爲上破國次之全軍爲上破軍次之全旅爲上破旅次之全卒爲上破卒次之全伍爲上破伍次之是故百戰百勝非善之善者也不戰而屈人之兵善之善者也故上兵伐謀其次伐交其次伐兵其下攻城攻城之法爲不得已修櫓轒轀具器械三月而後成距堙又三月而後已將不勝其忿而蟻附之

毀滅人國不久露師

以十敵一則圍之以五敵一則三爲正二爲奇以二敵一則一爲正一爲奇

人君亦有防害于軍務者如下文三件

殺士卒三分之一而城不拔者此攻之災也故善用兵者屈人之兵而非戰也拔人之城而非攻也毀人之國而非久也必以全爭於天下故兵不頓而利可全此謀攻之法也故用兵之法十則圍之五則攻之倍則分之敵則能戰之少則能守之不若則避之故小敵之堅大敵之擒也夫將者國之輔也輔周則國必彊輔隙則國必弱故君之所以患於軍者三不知三軍之不

軍容不入國國容不入軍禮不可以治兵

諸侯乘隙作難是謂自亂其軍引敵致勝

司馬法曰進退惟時無曰寡人

可以進而謂之進不知三軍之不可以退而謂之退是謂縻軍（謂之猶言命之也　縻絷其軍）不知三軍之事而同三軍之政則軍士惑矣不知三軍之權而同三軍之任則軍士疑矣三軍既惑且疑則諸侯之難至矣是謂亂軍引勝（此段責爲君者蓋以三者皆專之患也）故知勝有五知可以與戰不可以與戰者勝識衆寡之用者勝（知王翦伐荊非六十萬人不可）上下同欲者勝以虞待不虞者勝將能而君不御者勝此五者知勝之道也（司馬仲達與孔明持久終不與戰亦可謂知彼知己矣）故曰知彼知己百戰不殆不知彼而

知己一勝一負不知彼不知己每戰必敗

篇中武言非戰非攻非久美矣至其伐楚鞭平王尸暴師露衆卒不能取語曰能言之者未必能行諒哉

一二

能自修治以待敵之虛懈

所以守者力不足所以攻者力有餘

智者制勝無形故無智名無勇功

軍形第四

兩軍之形我動則彼應

孫子曰昔之善戰者先爲不可勝以待敵之可勝不可勝在己可勝在敵故善戰者能爲不可勝不能使敵之必可勝故曰勝可知而不可爲不可勝者守也可勝者攻也守則不足攻則有餘善守者藏於九地之下善攻者動於九天之上故能自保而全勝也見勝不過衆人之所知非善之善者也戰勝而天下曰善非善之善者

帥下文修道保法也

敵有備故

藏◎形

守之固密

先聲不興

普見未萌

爭勝者也

易勝謂察見敵形易於取勝則從而勝之

是故二句有謀與無慮故也

言用兵當以此五者爲戰守之法即上文保法之事

也故舉秋毫不爲多力見日月不爲明目聞雷（此三句喻智將見勝同于常人不得爲智將也）霆不爲聰耳古之所謂善戰者勝於易勝者也故善戰者之勝也無智名無勇功（惟勝其所可勝故天下不知其知勇）故其戰勝不忒不忒者其所措勝勝已敗者也故善戰者立於不敗之地而不失敵之敗也（又知敵人必敗而乘之）是故勝兵先勝而後求戰敗兵先戰而後求勝善用兵者修道而保法（保守兵法）故能爲勝敗之政兵法一曰度二曰量三曰數四曰稱五曰勝地生度度生量量生數

地生度五句是相生之法、

此節乘勝長驅迎刃破竹之謂

既有定數則兵與地食欲其相稱

數生稱稱生勝故勝兵若以鎰稱銖敗兵若以銖稱鎰勝者之戰若決積水於千仞之谿者形也◎

結構處機神妙會

軍形捷若轉圜必及敵形之未成而勝之斯易孫子所謂力不足而守力有餘而攻則俱先爲不可勝以待敵之可勝一意是可以窺孫子之胸中神奇變幻此其目無强諸侯也後如秦符融之一爲晉所愚而卒以全軍潰敗不支其不知形之患哉

首四句起下奇正句

奇正並言却重奇字觀後奇正之變可見

兵勢第五

論攻取必先形勢

孫子曰凡治衆如治寡分數是也鬬衆如鬬寡形名是也

旌旗曰形金鼓曰名

三軍之衆可使必受敵而無敗者奇正是也兵之所加如以碫投卵者虛實是也凡戰者以正合以奇勝故善出奇者無窮如天地不竭如江海終而復始日月是也死而更生四時是也

此六句總喻用奇之妙

聲不過五五聲之變不可勝聽也色不過五五色之變不可勝觀也味不過五五味之

聲色味三段皆喻奇正無窮之妙

韓信之拔幟是以兵爲奇也鄧艾之出斜谷是以地爲奇也李愬之冒雪入蔡是以時爲奇也

以後通發出奇無窮所以能得勢處

亂旌旗以示敵以金鼓齊之也

形圓謂出入有道齊整也

以利誘敵人遠離其

變不可勝嘗也戰勢不過奇正奇正之變不可勝窮也奇正相生如循環之無端孰能窮之哉激水之疾至於漂石者勢也鷙鳥之疾至於毀折者節也故善戰者其勢險其節短勢如彍弩節如發機紛紛紜紜鬭亂而不可亂渾渾沌沌形圓而不可敗亂生於治怯生於勇弱生於彊治亂數也勇怯勢也彊弱形也故善動敵者形之敵必從之予之敵必取之以利動之以本待

此就奇正之中舉其勢與節言之

皆毀形匿情也

敵必動作

方可乘間用勢

壘而以精銳擊其空
虛也

善戰之勢一語傳神

之故善戰者求之於勢不責於人故能擇人而任勢任勢者其戰人也如轉木石木石之性安則靜危則動方則止圓則行故善戰人之勢如轉圓石於千仞之山者勢也

上篇言形而此篇言勢隱閉不露者形也奮出疾擊者勢也形之隱閉使人不能測勢之奮疾使人不能禦所謂迅雷不及掩耳者勢也此篇之所言勢者何

奇正是也奇變爲正正變爲奇其勢無窮也

敵人自至如李牧堅壁以致匈奴楊素毀車以誘突厥是也

如鄧艾伐蜀自陰平行無人之地七百里無轉運之勞是也

虛實第六 此言主客虛實皆當預料

孫子曰凡先處戰地而待敵者佚後處戰地而趨敵者勞（力有餘也）故善戰者致人而不致於人能使敵人自至者利之也能使敵人不得至者害之也（攻其所愛）故敵佚能勞之飽能饑之安能動之（出其所不趨攻其所必救）出其所不趨趨其所不意行千里而不勞者行於無人之地也攻而必取者攻其所不守也守而必固者守其所不攻也故善攻者敵不知其所守善守

言攻守之術虛虛實實變化無端

此正言其善攻善守之道

此段就以我攻敵者言之

者敵不知其所攻微乎微乎至於無形神乎神乎至於無聲故能爲敵之司命進而不可禦者衝其虛也退而不可追者速而不可及也故我欲戰敵雖高壘深溝不得不與我戰者攻其所必救也我不欲戰雖畫地而守之敵不得與我戰者乖其所之也故形人而我無形則我專而敵分我專爲一敵分爲十是以十攻其一也則我衆敵寡能以衆擊寡則我之所與戰者約矣

絕糧道守

歸路

使敵疑也

此段就敵人備我者言之

此承上戰地并及戰日言之

吾所與戰之地不可知不可知則敵所備者多敵所備者多則我所與戰者寡矣故備前則後寡備後則前寡備左則右寡備右則左寡無所不備則無所不寡寡者備人者也衆者使人備已者也

如孫臏料龐涓暮當至馬陵是也

故知戰之地知戰之日則可千里而會戰不知戰地不知戰日則左不能救右右不能救左前不能救後後不能救前而況遠者數千里近者數里乎

此處恐失一段否則忽插入越人似無謂一本更以吾

以吾度之越人之兵雖多亦奚

策度也即校之以計而索其情如薛公料黥布必出下策魏于謹料蕭繹必出下策是也

我因敵形而制勝故人不知

避實而擊虛即前攻其所不守守其所不

字作奚字尤妍

益於勝哉故曰勝可爲也敵雖衆可使無鬬故策之而知得失之計作之而知動靜之理形之而知死生之地角之而知有餘不足之處故形兵之極至於無形無形則深間不能窺智者不能謀因形而措勝於衆衆不能知人皆知我所以勝之形而莫知我所以制勝之形故其戰勝不復而應形於無窮夫兵形象水水之形避高而趨下兵之形避實而擊虛水因地而制流兵

因敵形而立勝

攻至於無形無聲者也一篇主意至此發露

因敵而制勝故兵無常勢水無常形能因敵變化而取勝者謂之神故五行無常勝四時無常位日有短長月有死生兵無常勢盈縮隨敵

通篇總一避實擊虛之意而所以敵爲我擊則以先處戰地而佚因敵變化其應若神也此文首尾喚應較它篇更句句秘密乃孫子出其生平所學盡力摹畫之文

迂遠其途使敵來而不知爭誘以小利使敵貪而不能爭然後倍道潜發得所爭之要害也

軍爭第七　此言兩軍爭利先得者勝

孫子曰凡用兵之法將受命於君合軍聚衆交

軍門稱和門兩軍相對爲交和

和而舍莫難於軍爭軍爭之難者以迂爲直以

明於度數先

患爲利故迂其途而誘之以利後人發先人至

知遠近之計

此知迂直之計者也故軍爭爲利衆爭爲危舉

置輜重則恐捐弃也

軍而爭利則不及委軍而爭利則輜重捐是故

不得休息

卷甲而趨日夜不處倍道兼行百里而爭利則

三軍之將皆爲敵擒

擒三將軍勁者先疲者後其法十一而至五十

言以軍爭利路先知此三者

兵乃詭道以詐立其本也以利動其用也以分合爲變其術也當分不分爲縻軍可聚不聚爲孤旅如符堅以百萬而敗于淝水不知變者也

里而爭利則蹶上將軍其法半至三十里而爭利則三分之二至是故軍無輜重則亾無糧食則亾無委積則亾故不知諸侯之謀者不能豫交不知山林險阻沮澤之形者不能行軍不用鄉導者不能得地利故兵以詐立以利動以分合爲變者也故其疾如風其徐如林侵掠如火不動如山難知如陰動如雷霆掠鄉分衆廓地分利懸權而動先知迂直之計者勝此軍爭之

道稍近而至者多故無死敗

不知敵情者不能結交

擊其虛也

不見利也

收所謂因糧于敵也

變化

此就治軍言

此就擊敵言

寇恂令士卒佯言劉公兵至而蘇茂軍遂動是奪其氣也仁貴脫兜鍪以見突厥突厥相視失色是奪其心也

治心治力者兵家之常遇有制之兵引而

法也軍政曰言不相聞故爲之金鼓視不相見故爲之旌旗夫金鼓旌旗者所以一人之耳目

謂軍中之政或古有是書

也人既專一則勇者不得獨進怯者不得獨退

四物既一人之視聽自專且一

此用衆之法也故夜戰多火鼓晝戰多旌旗所以變人之耳目也三軍可奪氣將軍可奪心是故朝氣鋭晝氣惰暮氣歸善用兵者避其鋭氣

治氣治心即上奪氣

擊其惰歸此治氣者也以治待亂以靜待譁此

奪心之法而治則有彼我之兼

治心者也以近待遠以佚待勞以飽待饑此治

避之則非常理故曰治變

司馬法曰圍其三面闕其一面所以示生路也

力者也無邀正正之旗勿擊堂堂之陳此治變者也故用兵之法高陵勿向背立勿逆佯北勿從銳卒勿攻餌兵勿食歸師勿遏圍師必闕窮寇勿追此用兵之法也

首言兩壘而交矢石决勝之際迂爲直患爲利之難而必知諸侯之謀以豫交知山林險阻沮澤之形以行軍知用鄉導以得地利始可與於軍爭之法而末又以用衆用兵足之其法乃備

四通之衢地當聯合諸侯以爲救援

城有所不攻曹操所以置華費而深入徐州得十四縣

此結上兩段而重於用人蓋得智謀之人而用之則能知九變之術矣

五利指塗有所不由五事而言

九變第八　言行師有九者之變不可執一

孫子曰凡用兵之法將受命於君合軍聚衆圮水毀曰圮地無舍衢地合交絕地無留圍地則謀當設奇謀死地則戰無所依也塗有所不由軍有所不擊城有所不攻地有所不爭君命有所不受此段言用兵有五利背法之變也故將通於九變之利者知用兵矣如周亞夫不救梁是也將不通於九變之利雖知地形不能得地之利矣以不知變也治兵不知九變之術雖知五利不能得人之用矣在利思害在害思利是故智者之慮必雜於利害雜

役諸侯者以業若知蔡之所以服鄭而伍員之所以肆楚也

上言智將知變之美此言庸常之將守一而不知變者

於利而務可信也雜於害而患可解也是故屈諸侯者以害役諸侯者以業趨諸侯者以利故用兵之法無恃其不來恃吾有以待之無恃其不攻恃吾有所不可攻也故將有五危必死可殺必生可虜忿速可侮廉潔可辱愛民可煩凡此五者將之過也用兵之災也覆軍殺將必以五危不可不察也

○業事也使其勞頓若彼入○我出彼出我入也

五危乃不知九變之過

以生爲念則退怯不前

攻其所愛彼必救之則煩勞也

變其正得其所用有九乃知武子之兵專用奇勝

焉援討武都羌先據其水草使地不與之戰羌衆困而悉降正依谷之利也

昔楚拒吳卜之不吉司馬子魚曰我得上流何爲不吉果大勝

死地當在軍前生地當在軍後

行軍第九

此篇前論地形後察敵情

孫子曰凡處軍相敵絕山依谷（延水草）視生處高（向陽曰生）戰隆無登此處山之軍也絕水必遠水（引敵使渡）客絕水而來勿迎之於水內令半渡而擊之利欲戰者無附於水而迎客視生處高無迎水流（勿居下流恐決水也）此處水上之軍也絕斥澤惟亟去無留若交軍於斥澤之中必依水草而背衆樹（倚林木以爲險阻）此處斥澤之軍也平陸處易右背高（背高阜恃其形以爲勢也）前死後生此處平陸之軍也凡此四

太昊炎帝黃帝少昊顓頊爲五帝然軍法剏自黃帝已上四軍之法亦黃帝所遺者故贊其勝于四帝

觀兵之利地之助則漢李將軍之行無部曲行陳就水草頓舍其不覆亾寧非幸耶

此等去處或藏奸細或埋伏兵其可忽乎

軍之利黃帝所以勝四帝也（四帝或以爲當時諸侯之僭稱帝者）凡軍好高而惡下貴陽而賤陰養生處實（處實謂處高陸向陽之地）軍無百疾是謂必勝丘陵隄防必處其陽而右背之此兵之利地之助也上雨水沫至欲涉者待其定也（恐半渡而水暴漲也）凡地有絕澗天井天牢天羅天陷天隙必亟去之勿近也吾遠之敵近之吾迎之敵背之（當遠大賓）（明兵）軍旁有險阻潢井蒹葭林木翳薈者（翳或作蓊）必謹覆索之此伏姦之所也近而靜者恃其險也遠而挑戰者欲入之進也

辭彊而進驅者退北吏駢曰使者目動而言肆懼我也將遁矣薄諸河必敗之駢可稱知兵哉

其所居易者利也衆樹動者來也衆草多障者疑也鳥起者伏也獸駭者覆也塵高而鋭者車來也卑而廣者徒來也散而條達者樵採也少而往來者營軍也辭卑而益備者進也辭彊而進驅者退也輕車先出居其側者陳也無約而請和者謀也奔走而陳兵者期也半進半退者誘也伏而立者饑也汲而先飲者渴也見利而不進者勞也鳥集者虚也夜呼者恐也軍擾者

斫伐樹木以除道也

衆出樵採故塵埃四散條達

忽然請和必是設謀

營空故鳥集也

懸缻如孟明焚舟楚軍破釜欲決一戰也

自近而靜至此敵之如偶一一如見

將不重也（令不嚴重）旌旗動者亂也吏怒者倦也殺馬食肉者軍無糧也懸缻不返其舍者窮寇也諄諄諭諭徐與人言者失衆也（以素失衆心而欲收之也）數賞者窘也數罰者困也先暴而後畏其衆者不精之至也來委謝者欲休息也兵怒而相迎久而不合又不解去必謹察之兵非貴益多（貴將重詳審）惟無武進足以併力料敵取人而已夫惟無慮而易敵者必擒於人卒未親附而罰之則不服不服則難用也卒已親

惠威兼濟乃能必取勝所以晏子舉穰苴謂文能服衆武能威敵也

附而罰不行則不可用也故令之以文齊之以

必取勝于敵以威惠並行士卒可用也

武是謂必取令素行以教其民則民服令不素行以教其民則民不服令素行者與衆相得也

首言處軍相敵乃一篇之綱領按處軍之法有四相敵之法有三十二自絕山依谷至伏奸之所皆處軍之法也自近而靜至謹察之皆相敵之法也末復言治兵乃威武而先之以文德其作用更何如哉

欲戰先審地形以立勝前所論山水斥澤平陸未盡故又以通掛支隘險遠爲將之至任不可不察

彼此據守險阻路狹不能成陣出皆無所利曰支

地形第十

此篇與九地篇互相發

孫子曰地形有通者有掛者有支者有隘者有險者有遠者（已上六者地之形也）我可以往彼可以來曰通通形者先居高陽利糧道以戰則利（寧致人無致于人）可以往難以返曰掛掛形者敵無備出而勝之敵若有備出而不勝難以返不利（已上所云掛形者乃險阻之地如犬牙相錯之謂也）我出而不利彼出而不利曰支支形者敵雖利我我無出也引而去之令敵半出而擊之利隘形者（兩山夾路曰隘）我先居之必盈之以待敵

此言不惟地有六形而兵又有六敗此非天地降災乃將帥過失所致

若敵先居之盈而勿從不盈而從之險形者我先居之必居高陽以待敵若敵先居之引而去之勿從也遠形者勢均難以挑戰戰而不利凡此六者地之道也將之至任不可不察也故兵有走者有弛者有陷者有崩者有亂者有北者凡此六者非天地之災將之過也夫勢均以一擊十曰走卒彊吏弱曰弛吏彊卒弱曰陷大吏怒而不服遇敵懟而自戰將不知其能曰崩將

先據高陽之地乃爲得勢

結上文◎而責爲將者當◎察地形也

大吏偏裨以上也大吏忿怒衆心不服遇敵懟怨各自爲戰

此言上將知勝之道則當專制于已而君命有所不受也

弱不嚴教道不明吏卒無常陳兵縱横曰亂將不能料敵以少合衆以弱擊彊兵無選鋒曰北凡此六者敗之道也將之至任不可不察也

責爲將者當察兵情也

夫地形者兵之助也料敵制勝計險阨遠近上將之道也知此而用戰者必勝不知此而用戰者必敗故戰道必勝主曰無戰必戰可也

既得兵地之助又無六敗之形此戰道之必勝者

戰道不勝主曰必戰無戰可也

與上相反

故進不求名退不避罪惟民是保而利於主國之寶也視卒如嬰兒故

驕子以恩勝一子恩則不可用此曹公所以截髮而自刑武侯所以垂涕而行戮也

六害等地皆不可用以戰

可與之赴深谿視卒如愛子故可與之俱死愛而不能令厚而不能使亂而不能治譬如驕子不可用也知吾卒之可以擊而不知敵之不可擊勝之半也知敵之可擊而不知吾卒之不可以擊勝之半也知敵之可擊知吾卒之可以擊而不知地形之不可以戰勝之半也故知兵者動而不迷舉而不窮故曰知彼知己勝乃不殆知天知地勝乃可全

如其赴死必得効力之謂

此甚言過于姑息之弊

此言既當料敵○又當知地利

論地形有六而因及兵之六敗見地形為兵之助而人事又其所當修也

先列九者之目下詳言之

彼此皆利者爲必爭之地吳蜀所以奪荊州也

九地第十一

言地勢有此九者之變

孫子曰用兵之法有散地有輕地有爭地有交地有衢地有重地有圮地有圍地有死地諸侯自戰其地者爲散地（兵不出境士卒有內顧之心）入人之地而不深者爲輕地我得亦利彼得亦利者爲爭地我可以往彼可以來者爲交地（即前篇所云通形是也）諸侯之地三屬先至而得天下之衆者爲衢地入人之地深背城邑多者爲重地山林險阻沮澤凡難行之道者爲圮地（前圮地無舍與此少異）所

自此以前言九地之異形如此

以上言因地而制宜之事

由入者隘所從歸者迂彼寡可以擊吾之衆者爲圍地疾戰則存不疾戰則亾者爲死地是故散地則無戰輕地則無止爭地則無攻交地則無絕衢地則合交重地則掠圮地則行圍地則謀死地則戰

粮絕敵臨存亾係此一戰

古之善用兵者能使敵人前後不相及衆寡不相恃貴賤不相救上下不相收卒離而不集兵合而不齊合於利而動不合於利而止敢問敵衆整而將來待之若何曰先奪其

此段皆用計以誤敵之事

此言敵入我境當先奪其所愛之便道擬食而據守以待之則敵之進退自聽乎我矣

此段言投兵士于危地而無所往則自然死戰而不爲奔走其力必盡其心不惧矣

所愛則聽矣兵之情主速乘人之不及由不虞之道攻其所不戒也凡爲客之道深入則專主人不克掠於饒野三軍足食謹養而勿勞并氣積力運兵計謀爲不可測投之無所往死且不北死焉不得士人盡力兵士甚陷則不懼無所往則固入深則拘不得已則鬬是故其兵不修而戒不求而得不約而親不令而信禁祥去疑至死無所之吾士無餘財非惡貨也無餘命非

先奪之策不宜遲緩

劫掠于敵軍食自足

自分必死了無惧心

心自拘集

四句皆言深入則專

昔孔明于魚腹平沙之上壘石爲文縱橫皆八晉桓溫見之曰常山蛇勢此即兵車陣法也其斯之謂歟

惡壽也令發之日士卒坐者涕沾襟偃臥者涕交頤投之無所往則諸劌之勇也故善用兵者譬如率然率然者常山之蛇也擊其首則尾至擊其尾則首至擊其中則首尾俱至敢問可使如率然乎曰可夫吳人與越人相惡也當其同舟濟而遇風其相救也如左右手是故方馬埋輪未足恃也齊勇若一政之道也剛柔相得地之理也故善用兵者攜手若使一人不得已也

專諸曹劌

此孫子設爲問答之詞

形運手指令三軍無不用命若一人然

淮陰之破趙李愬之擒元濟其初士卒安能知之

羣羊往來唯牧是隨三軍進退唯將指揮此李愬行軍至半途軍吏方請所向乃曰入蔡州也

將軍之事靜以幽正以治能愚士卒之耳目使之無知易其事革其謀使人無識易其居迂其途使人不得慮帥與之期如登高而去其梯帥與之深入諸侯之地而發其機若驅群羊驅而往驅而來莫知所之聚三軍之衆投之於險此將軍之事也九地之變屈伸之利人情之理不可不察也凡爲客之道深則專淺則散去國越境而師者絕地也四通者衢地也入深者重地

有進無退期約可踐

地勢隔絕不與本國相通此又出于九地之外

此段專言爲客之道故于九地之中拈出衢地等五者以明之

此六句已見軍爭篇乃復言之蓋謂能知是三者然後能審九地之利也

也入淺者輕地也背固前隘者圍地也無所往者死地也是故散地吾將一其志輕地吾將使之屬爭地吾將趨其後交地吾將謹其守衢地吾將固其結重地吾將繼其食圮地吾將進其途圍地吾將塞其闕死地吾將示之以不活故兵之情圍則禦不得已則鬬過則從是故不知諸侯之謀者不能豫交不知山林險阻沮澤之形者不能行軍不用鄉導者不能得地利四五

背負險阻前臨阻隘如被圍然

恃險不通當據野以足食

在陷地入入有防禦之心

九地之利害或曰即上四五事也

者一不知非霸王之兵也夫霸王之兵伐大國則其衆不得聚威加於敵則其交不得合是故不爭天下之交不養天下之權信己之私威加於敵故其城可拔其國可隳施無法之賞懸無政之令犯三軍之衆若使一人犯之以事勿告以言犯之以利勿告以害投之亾地然後存陷之死地然後生夫衆陷於害然後能爲勝敗故爲兵之事在順詳敵之意并力一向千里殺將

賞與令出自尋常法政之外則人不可測

犯用也謂用衆如用寡也

力一本作敵

此段論謀敵之事

開闔有隙也言伺其隙必速乘之也

或糧食或地利敵所愛者我先據之

是謂巧能成事是故政舉之日夷關折符無通

智巧○　夷塞關鑑折毀○符信

其使厲於廊廟之上以誅其事敵人開闔必亟

○厲嚴厲也　誅責成也○

入之先其所愛微與之期踐墨隨敵以決戰事

銜○軍○法○繩○墨○

處女脫兎所謂奇○正還相生如闔○之無端太史公○稱田單用兵如是○

是故始如處女敵人開戶後如脫兎敵不及拒

上篇言地之形此篇言地之勢勢有九先舉其目于前復辯其義著其法于後

用火焚燒其人如孔明燒藤甲軍之類

此四宿者風使也月次于此則風起矣

此亦見可而進知難而退也

火攻第十二 此言用火攻敵之政

孫子曰凡火攻有五一曰火人二曰火積三曰火輜四曰火庫（焚其府庫）五曰火隊行火必有因（多因內應之人）烟火必素具發火有時起火有日時者天之燥也日者月在箕壁翼軫也凡此四宿者風起之日也凡火攻必因五火之變而應之火發於內則早應之於外火發而其兵靜者待而勿攻（恐其有備防其有變）極其火力可從而攻之不可從則止火可發於外無待於

此借水以贊火之功

非有萬全之利則不輕動非得地得人此法亦不輕用非危急不得已則不用此以戰也

內以時發之火發上風無攻下風晝風久夜風

應時發火不容遲緩　風久則止

止凡軍必知五火之變以數守之故以火助攻

數之常也

者明以水助攻者彊水可以絕不可以奪夫戰

勝攻取而不修其功者凶命曰費留故曰明主

有水火戰攻之勞而不修賞功之典則人不盡力矣曰費留以其費留滯也

慮之良將修之非利不動非得不用非危不戰

主不可以怒而興師將不可以慍而致戰合於

利而動不合於利而止怒不可以復喜慍不可

所謂非利不動　一刻怒慍下無二不字

以復說亾國不可以復存死者不可以復生故

曰明主愼之良將警之此安國全軍之道也

火攻爲害慘烈孫子此論與不戢屆人兵之意甚相悖然亦示人不可不知非謂專恃乎此以取勝也觀末段致愼之意自見

戰必先用間以知敵情然後前數條動不忒筭

漢之捐金離楚君臣者得之

此言明君賢將所以勝人而成功出衆者

用間第十三 此言任用間使之法

孫子曰凡興師十萬出征千里百姓之費公家之奉日費千金內外騷動怠於道路不得操事（古井田之法八家同井一家從軍七家供之十萬兵出久而不解則七十萬家皆不得操其農事）者七十萬家相守數年以爭一日之勝而愛爵祿百金不知敵之情者不仁之至也非人之將（非爲將之体）也非主之佐也非勝之主也故明君賢將所以動而勝人成功出於衆者先知也先知者不可（不可以祭祀求不可以事類求不可以度數求）取於鬼神不可象於事不可驗於度必取於人

由其用間而先知乎敵情也

官人在朝之臣寵幸而貪者如越王之賂太宰嚭是也

此言間人之當重

知敵之情者也故用間有五有因間有內間有反間有死間有生間五間俱起莫知其道是謂神紀人君之寶也因間者因其鄉人而用之內間者因其官人而用之反間者因其敵間而用之死間者爲誑事於外令吾間知之而傳於敵間也生間者反報也故三軍之事莫親於間賞莫厚於間事莫密於間非聖智不能用間非仁義不能使間非微妙不能得間之實微哉微哉

列五間之目

五者同時並用其道不可測知是謂神之紀法

如陳平作僞楚使是也

身則公行心乃私視往反報復不至有害自生

殺間者惡其泄殺告者滅其言此以下又言用間之法

此討籠絡敵人尤奇

爲主將者必要知此五間

無所不用間也間事未發而先聞者聞與所告者皆死凡軍之所欲擊城之所欲攻人之所欲殺必先知其守將左右謁者門者舍人之姓名令吾間必索知之必索敵間之來間我者因而利之導而舍之故反間可得而用也因是而知之故鄉間内間可得而使也因是而知之故死間爲誑事可使告敵因是而知之故生間可使如期五間之事主必知之知之必在於反間故

哉見用間微妙之非

五者之姓名應必取於人

因此反間知彼鄉人之貪利者官人之有隙者誘而使之

先用反間則其餘

揣伊呂爲間人豈武子殆傾危之士而不及深惟其終始耶

此言用間之效而因舉爲兵家之要

四間可因而使

反間不可不厚也昔殷之興也伊摯在夏周之興也呂牙在殷故明君賢將能以上智爲間者必成大功此兵之要三軍所恃而動也

首篇言校計以索彼已之情而此又舉用間以察敵終之益詳定於已而易見間用於彼而難知抑又深矣

吳子序

瑯琊王士騏冏伯譔

今談兵家稱孫吳又或以爲孫譎而吳正則兩家之書具在也而兩家之用兵其戰勝攻取書之史冊者具在也先司寇之序孫子詳矣而不及吳子余觀史冊所載吳子事大都信賞必罰與士卒同甘苦故其爲書亦崇仁主義申禮明信初閱之似平平究竟擁百萬之衆臨不測之

敵有能師其說而行之必無有不勝者何也至奇者每伏於至平至平者每釀乎至奇世之正吴子而譎孫子者咫尺之見也有人於此其叱咤風雲呼吸雷雨見之者目眩聽之者耳怖彼非不駭且異之而中寔疑之不以爲幻則以爲妖耳夫其眩之怖之駭且異之而卒不免于疑之此正而呼之以譎也又有人於此坐作由人進止由人而摧之不可破擣之不可入人非不

望而靡之而終不免於易之夫其望而靡之而終焉易之則以其坐作由人進止由人即譎而呼之以正也嗟乎此世之所以論孫吳而正之譎之者也孫吳可作豈爾爾哉余往者校士晉中道三卿之故墟吊列侯之遺事蓋即吳子昔日用兵地云其民悍而易親其俗信而輕死當時欒郤中行已用之以取威定伯及吳子事文侯而用之以西抗彊秦余蓋徘徊其地而不能

去者久之且余觀吳子其識深其才富所徵嫌者量隘耳而田文一言能令心慴氣攝而噤不發一語則其受業大勇之門得力褐夫之惴豈可以尋常策士目之也哉夫其信義至使離卒之毋知之則吳子誠知道者而或謂其見擯于曾子恐心于殺妻則亦史氏點綴其急功名之狀而重鳴鼓于大賢之門耳是詎可信乎至今憑吊西河之上飄風落磧敗竈陳墟種種滿前

廻睇當年九封函谷羊叱羸秦不亦重可想哉其書不數篇篇不數語爲正爲譎吾無暇深辨獨其置之死地而後生置之亾地而後存則孫吳兩家若合一轍而乃知兵不厭詭師出以律聖人有言亶其然乎易坎之象曰天險不可升也地險山川丘陵也王公設險以守其國而吳子之言曰在德不在險嗟乎此深于習坎之旨者乎而或謂吳子之才之識而卒不終于魏不

免於楚嗟乎象以齒而焚其身蚌以珠而剖其腹古來豪傑之士名聞諸侯力雄一世而七尺之不保者豈一吳子也哉今韜鈐家毋不以孫吳爲高曾而正譎之論方聚訟而未巳嗟乎吾弟不得其言而用之用之而有所試于世焉孫也可吳也可正也可譎也可彼爲是正與譎之論者豈眞能讀兩家之書者哉吳子之書汪司馬伯玉常校刻于閩中近余同年焦太史弱侯

取魏武帝二子注刻于秣陵俱稱善本項余家食之暇不惜劾覃重爲參訂一以踵先司寇之緒一以合孫吴之局云爾若夫爲正爲譎又奚辨焉

吳起列傳本諸家之言而成文所以首尾無呼應處

借惡者之言敘起事

吳子傳

龍門　司馬遷譔

吳起者衛人也好用兵嘗學於曾子事魯君齊人攻魯魯欲將吳起吳起取齊女爲妻而魯疑之吳起於是欲就名遂殺其妻以明不與齊也魯卒以爲將將而攻齊大破之魯人或惡吳起曰起之爲人猜忍人也其少時家累千金游仕不遂遂破其家鄉黨笑之吳起殺其謗巳者三

魯人惡之者必惡之于君也何以用魯君二字

十餘人而東出衛郭門與其母訣齧臂而盟曰起不爲卿相不復入衛遂事曾子居頃之其母死起終不歸曾子薄之而與起絶起乃之魯學兵法以事魯君魯君疑之起殺妻以求將夫魯小國而有戰勝之名則諸侯圖魯矣且魯衛兄弟之國也而君用起則是弃衛魯君疑之謝吴起吴起於是聞魏文侯賢欲事之文侯問李克曰吴起何如人哉李克曰起貪而好色然用兵

起未委質于魏或者猶有貪迹及其見用則盡廉能亦何異乎陳平之爲人也

李克謂起貪而好色此言其廉

司馬穰苴不能過也於是魏文侯以爲將擊秦拔五城起之爲將與士卒最下者同衣食臥不設席行不騎乘親裹贏糧與士卒分勞苦卒有病疽者起爲吮之卒母聞而哭之人曰子卒也而將軍自吮其疽何哭爲母曰非然也往年吳公吮其父其父戰不旋踵遂死於敵吳公今又吮其子妾不知其死所矣是以哭之文侯以吳起善用兵廉平盡能得士心乃以爲西河守以

平後又云節廉豈其性本貪而因欲立功名故自矯勉耶

楊子法言曰美哉言乎使起之

拒秦韓魏文侯既卒起事其子武侯武侯浮西河而下中流顧而謂吳起曰美哉乎山河之固此魏國之寶也起對曰在德不在險昔三苗氏左洞庭右彭蠡德義不修禹滅之夏桀之居左河濟右泰華伊闕在其南羊腸在其北修政不仁湯放之殷紂之國左孟門右太行常山在其北大河經其南修政不德武王殺之由此觀之在德不在險若君不修德舟中之人盡爲敵國

用兵每若斯雖太公何以加諸

也武侯曰善遂封吳起爲西河守甚有聲名魏置相相田文吳起不悅謂田文曰請與子論功可乎田文曰可起曰將三軍使士卒樂死敵國不敢謀子孰與起文曰不如子起曰治百官親萬民實府庫子孰與起文曰不如子起曰守西河而秦兵不敢東鄉韓趙賓從子孰與起文曰不如子起曰此子三者皆出吾下而位加吾上何也文曰主少國疑大臣未附百姓不信方是

公叔乃係韓之公族

之時屬之於子乎屬之於我乎起默然良久曰屬之子矣文曰此乃吾所以居子之上也吳起乃自知弗如田文田文既死公叔爲相尚魏公主而害吳起公叔之僕曰起易去也公叔曰柰何其僕曰吳起爲人節廉而自喜名也君因先與武侯言曰夫吳起賢人也而侯之國小又與彊秦壤界臣竊恐起之無留心也武侯卽曰柰何君因謂武侯曰試延以公主起有留心則必

太史公只以於是二句收括上文僕言一段處處無滲漏是何等筆力

受之無留心則必辭矣以此卜之君因召吳起而與歸即令公主怒而輕君吳起見公主之賤君也則必辭於是吳起見公主之賤魏相果辭魏武侯武侯疑之而弗信也吳起懼得罪遂去即之楚楚悼王素聞起賢至則相楚明法審令捐不急之官廢公族疏遠者以撫養戰鬬之士要在彊兵破馳說之言從横者於是南平百越北幷陳蔡却三晉西伐秦諸侯患楚之彊故楚

自起之入楚頗多戰功太史公竝爲虛語以序次之而不及其治兵合戰之畧惜哉

之貴戚盡欲害吴起及悼王死宗室大臣作亂而攻吴起吴起走之王尸而伏之擊起之徒因射刺吴起幷中悼王悼王既葬太子立乃使令尹盡誅射吴起而幷中王尸者坐射起而夷宗死者七十餘家

孫吴贊

太史公曰世俗所稱師旅皆道孫子十三篇吴起兵法世多有故弗論論其行事所施設者語曰能行之者未必能言能言之者未必能行孫子籌策龐涓明矣然不能蚤救患於被刑吴起説武侯以形勢不如德然行之於楚以刻暴少恩亡其軀悲夫

索隱述贊曰孫子兵法一十三篇美人既斬良

將得焉刖孫臏脚籌策龎涓吳起相魏西河稱賢儫礮事楚焏後畱權

按吳子所著皆兵家機權法制之說然所言圖國以和敎民以禮治兵以信較之孫子區區逞智尚謀者不同高氏子畧曰起之書幾於正武之書一於奇亦有低昂之意豈起嘗學於曾子故其立言亦有自歟

吴子目録

吳子

瑯琊王士騏評釋

圖國第一

此篇言圖謀治國之事

吳起儒服以兵機見魏文侯文侯曰寡人不好軍旅之事起曰臣以見占隱以往察來主君何言與心違今君四時使斬離皮革掩以朱漆畫以丹青爍以犀象冬日衣之則不溫夏日衣之則不涼爲長戟二丈四尺短戟一丈二尺革車

兵家機密事

此是僞言

目中所見以占心中隱微

飾以犀象之形示威武也

此段言其以器爲用如此

兵器之有杖者

兵車也

言其爲戰爲車如此

此見武備不可廢弛

此四句言内修外治之當預

掩戶縵輪籠轂觀之於目則不麗乘之於田則不輕不識主君安用此也若以備進戰退守而不求能用者譬猶伏鷄之搏狸乳犬之犯虎雖有鬬心隨之死矣昔承桑氏之君修德廢武以滅其家國有扈氏之君恃衆好勇以喪其社稷明主鑒茲必内修文德外治武備故當敵而不進無逮於義矣僵屍而哀之無逮於仁矣於是文侯身自布席夫人捧觴醮吳起於廟立爲大

以帶縵蔽其輪籠罩其轂

通篇大意

此又見徒勇之爲害

篇中精義

洒灑地也

此下歷言不和之弊

先和正應前教百姓而親萬民之意

將守西河與諸侯大戰七十六全勝六十四餘

則均解闢土四面拓地千里皆起之功也（無勝無負）

吳子曰昔之圖謀國家者必先教百姓而親萬

民有四不和不和於國不可以出軍不和於軍

不可以出陳不和於陳不可以進戰不和於戰

不可以決勝是以有道之主將用其民先和而

造大事不敢信其私謀必告於祖廟啓於元龜（大事謂征伐也）

參之天時吉乃後舉民知君之愛其命惜其死

此見民和而可以決勝也

此言不能修德之害

此見四德之當修也

若此之至而與之臨難則士以進死爲榮退生爲辱矣

吳子曰夫道者所以反本復始義者所以行事立功謀者所以違害就利要者（要猶言要約謂凡事中乎樞要）所以保業守成若行不合道舉不合義而處大居貴患必及之是以聖人綏之以道理之以義動之以禮撫之以仁此四德者修之則興廢之則衰故成湯放桀而夏民喜悅周武伐紂而殷民不非舉順天

（二勝一勝即孫子所云不戰而屈人兵能伐謀之謂也）

人故能然矣

吳子曰凡制國治軍必教之以禮勵之以義使有恥也夫人有恥在大足以戰在小足以守矣然戰勝易守勝難故曰天下戰國（通論天下諸侯）五勝者禍四勝者弊三勝者霸二勝者王一勝者帝是以數勝得天下者稀以亾者衆

吳子曰凡兵之所起者有五一曰爭名二曰爭利三曰積惡（二國交惡是也）四曰內亂五曰因饑其名又有五

此用上五事而言其名義

五兵之起服之各有要道

一曰義兵二曰彊兵三曰剛兵四曰暴兵五曰逆兵禁暴救亂曰義恃衆以伐曰彊因怒興師曰剛棄禮貪利曰暴國亂人疲舉事動衆曰逆五者之服各有其道義必以禮服彊必以謙服剛必以辭服暴必以詐服（用計謀以勝之）逆必以權服

武侯問曰願聞治兵料人固國之道起對曰古之明王必謹君臣之禮飾上下之儀安集吏民順俗而教簡募良材以備不虞昔齊桓募士五

此三君乃簡募良材以備不虞之明驗也

以上正簡募良材之實所謂料人者也

萬以霸諸侯晉文召爲前行四萬以獲其志秦穆置陷陳三萬以服鄰敵故彊國之君必料其民（以下五等皆軍中練習精銳之人）民有膽勇氣力者聚爲一卒樂以進戰效力以顯其忠勇者聚爲一卒能踰高超遠輕足善走者聚爲一卒王臣失位而欲見功於上者聚爲一卒弃其城守欲除其醜者聚爲一卒此五者軍之練銳也有此三千人內出可以決圍外入可以屠城矣

是君非鄰則民必樂戰故勝也

武侯問曰願聞陳必定守必固戰必勝之道起對曰立見且可豈直聞乎君能使賢者居上不肖者處下則陳已定矣民安其田宅親其有司則守已固矣百姓皆是吾君而非鄰國則戰已勝矣

非道可立見

武侯嘗謀事羣臣莫能及罷朝而有喜色起進曰昔楚莊王嘗謀事羣臣莫能及罷朝而有憂色申公問曰君有憂色何也曰寡人聞之世不

自矜其能

楚縣尹申叔時

以聖賢爲師友則王伯之業可成

絕聖國不乏賢能得其師者王能得其友者霸今寡人不才而羣臣莫及者楚國其殆矣此楚莊王之所憂而君悅之臣竊懼矣於是武侯有慚色

聞無師友

凡制國治軍其戰守之本在乎和民是故弓矢不調則羿不能中僞六馬不駛則造父不能致遠士民不親附則湯武不能以制勝也是以造大事者能料民而善用之其內修外治爲兢兢云

三九八

四守猶言四面相守

五句槩論六國之俗如此

料敵第二 此篇言料度敵情之事

武侯謂吳起曰今秦脅吾西楚帶吾南趙衝吾北齊臨吾東燕絕吾後韓據吾前六國之兵四守勢甚不便憂此奈何起對曰夫安國家之道先戒爲寶今君已戒禍其遠矣臣請論六國之俗夫齊陳重而不堅秦陳散而自鬬楚陳整而不久燕陳守而不走三晉陳治而不用夫齊性剛其國富君臣驕奢而簡於細民其政寬而祿

齊大魏小若相懸然

能戒備于先斯爲可貴

不恤小民

此詳言齊陳可以夾擊也

此言秦陳可誘而擊之也

楚陳可以弊而勞之

不均一陳兩心（士有二心）前重後輕故重而不堅擊此之道必三分之獵（獵者從旁遮奪之名）其左右脇而從之其陳可壞秦性彊其地險其政嚴其賞罰信其人不讓皆有鬬心故散而自戰擊此之道必先示之以利而引去之士貪於得而離其將乘乖獵散設伏投機其將可取楚性弱其地廣其政騷（騷煩擾也）其民疲故整而不久擊此之道襲亂其屯先奪其氣輕進速退弊而勞之勿與爭戰其軍可敗燕性慤其

燕陳可以疑而懼之

敵人來則拒守去則追逐勿與戰爭使師自倦

民愼好勇義寡詐謀故守而不惑擊此之道觸而迫之陵而遠之馳而後之則上疑而下懼謹我車騎必避之路其將可虜三晉者中國也其性和其政平其民疲於戰習於兵輕其將薄其祿士無死志故治而不用擊此之道阻陳而壓之衆來則拒之去則追之以倦其師此其勢也然則一軍之中必有虎賁之士力輕扛鼎足輕戎馬搴旗斬將必有能者若此之等選而別之

民俗謹愼好勇尚義

此乃必爭之地故民疲困于戰鬭而習熟于兵事也

其上下六害將已陳也

五兵戈盾戟酋矛夷矛也

古者六月不興師此行走驅馳飢而又渴乃專務取利于遠真苦事也

愛而貴之是謂軍命其有工用五兵材力健疾志在吞敵者必加其爵列可以決勝厚其父母妻子勸賞畏罰此堅陳之士可與持久能審料此可以擊倍武侯曰善吴子曰凡料敵有不卜而與之戰者八一曰疾風大寒早興寤遷剖冰濟水不憚艱難二曰盛夏炎熱晏興無閒行驅饑渴務於取遠三曰師既淹久糧食無有百姓怨怒妖祥數起上不能止四曰軍資既竭薪芻

使無内顧之憂

方寤而徙遷

將領不能禁止

人馬俱困而又無應援其若更不可勝言

陳顯有功之人使居行列

既寡天多陰雨欲掠無所五曰徒衆不多水地不利人馬疾疫四隣不至六曰道遠日暮士衆勞懼倦而未食解甲而息七曰將薄吏輕士卒不固三軍數驚師徒無助八曰陣而未定舍而未畢行阪涉險半隱半出敵如此者擊之勿疑

將出險未盡之時

有不占而避之者六一曰土地廣大人民富衆二曰上愛其下惠施流布三曰賞信刑察發必得時

賞罰各當其時

四曰陳功居列任賢使能五曰師徒之衆

總結上文戰避二者而言

此言敵兵不整

此言敵兵未備

兵甲之精六曰四隣之助大國之援凡此不如敵人避之勿疑所謂見可而進知難而退也

武侯問曰吾欲觀敵之外以知其内察其進以知其止以定勝負可得聞乎起對曰敵人之來

武侯此問是古意思深長

蕩蕩無慮旌旗煩亂人馬數顧一可擊十必使無措諸侯未會君臣未和溝壘未成禁令未施

一刻詢詢驚蹕貌

三軍洶洶欲前不能欲止不敢以半擊倍百戰不殆

識虛實見兵勢江東陸伯言庶幾近是

行陳頻數移動此人心未定也

武侯問敵必可擊之道起對曰用兵必須審敵虛實而趨其危敵人遠來新至行列未定可擊既食未設備可擊奔走可擊（奔走則氣不屬）勤勞可擊未得地利可擊失時不從可擊涉長道後行未息可擊涉水半渡可擊險道狹路可擊（險狹則前後不相救）旌旗亂動可擊陳數移動可擊將離士卒可擊心怖可擊凡若此者選鋭衝之分兵繼之急擊勿疑

夫川兵固有可以逆為數十年之計者亦有朝不

可以謀夕者攻守之方戰鬭之術一日且有百變起之所料洞如觀火非踰尺寸信乎胸中之有成竹也

險易之處曉然明白則騎行不陷險地故曰地輕馬言馬因地而輕便也下句倣此

賞與刑皆以信行之

治兵第三 此篇專言治兵之道

武侯問曰用兵之道何先起對曰先明四輕二重一信曰何謂也對曰使地輕馬馬輕車車輕人人輕戰明知險易則地輕馬芻秣以時則馬輕車膏鐧有餘則車輕（膏以潤車鐧車上鐵也）人鋒銳甲堅則人輕戰進有重賞退有重刑行之以信審能達此勝之主也

武侯問曰兵何以爲勝起對曰以治爲勝又問

此言不治之弊

末句總結不可離此不可當意晉司馬宣王父子可想見矣

曰不在衆乎對曰法令不明賞罰不信金之不止鼓之不進雖有百萬何益於用所謂治者居則有禮動則有威進不可當退不可追前却有（一前一却）節左右應麾（皆有節度）雖絶成陣雖散成行與之安與之危其衆可合而不可離（力之齊也）可用而不可疲投之所往天下莫當名曰父子之兵

吳子曰凡行軍之道無犯進止之節無失飲食之適無絶人馬之力此三者所以任其上令任

治字照前節治字看

此二句喻志在必死

其上令則治之所由生也若進止不度飲食不適馬疲人倦而不解舍所以不任其上令上令旣廢以居則亂以戰則敗

解甲止舍

吳子曰凡兵戰之場止屍之地必死則生幸生則死其善將者如坐漏船之中伏燒屋之下使智者不及謀勇者不及怒受敵可也故曰用兵之害猶豫最大三軍之災生於狐疑

猶豫狐疑○皆獸之多疑者引以喻將無決斷

吳子曰夫人常死其所不能敗其所不便故用

陣而方之七何皆背陣行伍之變

兵之法教戒爲先一人學戰教成十人十人學戰教成百人百人學戰教成千人千人學戰教成萬人萬人學戰教成三軍以近待遠以佚待勞以飽待饑圓而方之坐而起之行而止之左而右之前而後之分而合之結而解之每變皆習乃授其兵是謂將事

用以衛身

吳子曰教戰之令短者持矛戟長者持弓弩彊者持旌旗勇者持金鼓弱者給廝役知者爲謀

令可及遠

言進止當審地利以立營

言進止當分星象以立旗

言進止當占風候也

主鄉里相比什伍相保（十人爲什五人爲伍）一鼓整兵二鼓習陳三鼓趨食四鼓嚴辦五鼓就行聞鼓聲合然後舉旗

武侯問曰三軍進止豈有道乎起對曰無當天竈（進止勿與二者相當）無當龍頭天竈者大谷之口（當之恐爲水所渰）龍頭者大山之（當之恐爲敵所圍）端必左青龍右白虎前朱雀後玄武（青星也）招搖（招搖北斗）在上從事於下將戰之時審候風所從來風順致呼而從之風逆堅陳以待之

前段槩舉畜馬之事

明此畜養之方則馬輕車人輕戰矣

武侯問曰凡畜卒騎豈有方乎起對曰夫馬必安其處所適其水草節其饑飽冬則溫廐夏則涼廡刻剔毛鬣謹落四下四下四蹄也謹落其蹄使常便利戢其耳目無令驚駭習其馳逐閑其進止人馬相親然後可使車騎之具三句併及駕馬之具鞍勒銜轡必令堅完凡馬不傷於末必傷於始不傷於饑必傷於飽日暮道遠必數上下寧勞於人慎勿勞馬常令有餘備敵覆我能明此者橫行天下太公曰用賞者貴信用罰者貴必賞信罰必令已行矣其于敎戒之兵治之何有哉

文者即下五慎也武者即勇也必兼之乃三軍之大將

所及爲將之禮亦文德也

論將第四

前三節論爲將之道後二節論試敵將之術

吳子曰夫總文武者軍之將也兼剛柔者兵之事也凡人論將常觀於勇勇之於將乃數分之一耳夫勇者必輕合輕合而不知利未可也故

此言勇武不可徒恃

將之所慎者五一曰理二曰備三曰果四曰戒五曰約理者治衆如治寡備者出門如見敵果

即料敵屬先戒之謂

者臨敵不懷生戒者雖克如始戰約者法令省而不煩受命而不辭家破敵而後言返將之禮

兵之氣繫由將一人而振

爲將者既知四機又必全此四德

也故師出之日有奺之榮無生之辱

吴子曰凡兵有四機一曰氣機二曰地機三曰事機四曰力機三軍之衆百萬之師張設輕重在於一人是謂氣機路狹道險名山大塞塞要害也十夫所守千夫不過是謂地機善行間諜輕兵往來分散其衆使其君臣相怨上下相咎是謂事機車堅管轄管以冒轂轄以鍵輪皆車中器也舟利櫓楫士習戰陳馬閑馳逐是謂力機知此四者乃可爲將然其威德仁勇必足

此三句先言其用

此言三者之效如此

以率下安衆怖敵決疑施令而下不敢犯所在

而寇不敢敵得之國彊去之國亡是謂良將

政是威勇所致

吳子曰夫鼙鼓金鐸所以威耳旌旗麾幟所以

威目禁令刑罰所以威心耳威於聲不可不清

此言三者之當重

目威於色不可不明心威於刑不可不嚴三者

不立雖有其國必敗於敵故曰將之所麾莫不

從移將之所指莫不前死

吳子曰凡戰之要必先占其將而察其才因其

因形句乃因敵形之虛實而用吾權變

已上總詳古將察才因形用權之實

形而用其權則不勞而功舉其將愚而信人可詐而誘貪而忽名可貨而賂輕變無謀可勞而困上富而驕下貪而怨可離而間

一驕一怨其心已離宜用間

進退多疑其衆無依可震而走士輕其將而有歸志塞易開

撤塞堰途徑

險可邀而取

開險路彼必從之則○可邀也

進道易退道難可來而前進道險退道易可薄而擊居軍下濕水無所通霖雨數至可灌而沈居軍荒澤草楚幽穢

草茅荆楚幽翳蕪穢之地

飈風數至可焚而滅停久不移將士懈怠其軍不備可潛而

無務以斬獲爲功

士卒自爲行止不從將令可知矣

襲

武侯問曰兩軍相望不知其將我欲知之其術如何起對曰令賤而勇者將輕鋭以嘗之務於北無務於得觀敵之來一坐一起其政以理其追北佯爲不及其見利佯爲不知如此將者名爲智將勿與戰也若其衆讙譁旌旗煩亂其卒自行自止其兵或縱或横其追北恐不及見利恐不得此爲愚將雖衆可獲

嘗觀川武者不難於治兵而難於選將將之賢愚兵實係焉故天下無必勝之兵而有不可敗之將此貲兼文武者爲不易得也

麾左二句言旌旗旛麾之用

三軍約束有素雖使卒遇敵人亦不致敗亂矣

應變第五　此篇言倉卒應變之事

武侯問曰車堅馬良將勇兵彊卒遇敵人亂而失行則如之何起對曰凡戰之法晝以旌旗旛麾爲節夜以金鼓笳笛爲節麾左而左麾右而右鼓之則進金之則止一吹而行再吹而聚不從令者誅三軍服威士卒用命則戰無彊敵攻無堅陳矣

此四句言金鼓笳笛之用

武侯問曰若敵衆我寡爲之奈何起對曰避之

此申明上文邀之於阨之意

此句言其兵有節制

於易邀之於阨故曰以一擊十莫善於阨以十擊百莫善於險以千擊萬莫善於阻今有少卒卒起擊金鳴鼓於阨路雖有大衆莫不驚動故曰用衆者務易用寡者務隘

阨險阻皆以地言

此段是發言

武侯問曰有師甚衆既武且勇背大阻險右山左水深溝高壘守以彊弩退如山移進如風雨糧食又多難與長守則如之何起對曰大哉問乎此非車騎之力聖人之謀也能備千乘萬騎

五軍分爲五路則敵人不知所以加我矣

一前一後以孤其勢

兼之徒步分爲五軍各軍一衢五軍五衢敵人必惑莫知所加敵若堅守以固其兵急行間諜以觀其慮彼聽吾說解之而去不聽吾說斬使焚書分爲五戰戰勝勿追不勝疾走（誘其伏兵也）如是佯北安行疾鬬一結其前一絕其後兩軍銜枚或左或右而襲其處（襲其空虛處）五軍交至必有其利此擊彊之道也

武侯問曰敵近而薄我欲去無路我衆甚懼爲

値此險地而不速去是罷士之元殞于溝壑誠爲可惜也

之奈何起對曰爲此之術若我衆彼寡分而乘之彼衆我寡以方從之無息雖衆可服

須川術法以從事此時不得少歇息

武侯問曰若遇敵於谿谷之間傍多險阻彼衆我寡爲之奈何起對曰遇諸丘陵林谷深山大澤疾行亟去勿得從容若高山深谷卒然相遇必先鼓譟而乘之進弓與弩且射且虜審察其治亂則擊之勿疑

虛張聲勢

一面射矢一面虜獲亦乘勢耳

武侯問曰左右高山地甚狹迫卒遇敵人擊之

更番迭出勿使敵人得以休息

不敢去之不得爲之奈何起對曰此謂谷戰雖衆不用募吾材士與敵相當輕足利兵以爲前行分車列騎隱於四旁相去數里無見其兵敵必堅陳進退不敢於是出旌列旆行出山外營之敵人必懼車騎挑之勿令得休此谷戰之法也

我兵雖衆

勢不可加

移營山谷之外以示敵人

武侯問曰吾與敵相遇大水之澤傾輪沒轅水薄車騎舟楫不設進退不得爲之奈何起對曰

廣狹淺深正所謂水情也

敵軍若起行必追尋其去迹始不相失

此謂水戰無用車騎且留其傍登高四望必得水情知其廣狹盡其淺深乃可爲奇以勝之敵若絕水半渡而薄之

武侯問曰天久連雨馬陷車止四面受敵三軍驚駭爲之奈何起對曰凡用車者陰濕則停陽燥則起貴高賤下馳其强車若進若止必從其道敵人若起必逐其迹

以天之陰晴爲行止

以地之高下爲行止

武侯問曰暴寇卒來掠吾田野取吾牛馬則如

歸還務在疾速行列必不連屬

有祿秩之人因御而用之

之何起對曰暴寇之來必慮其彊善守勿應彼且固守勿輕出以應之

將暮去其裝必重其心必恐還退務速必有不

屬追而擊之其兵可覆

吳子曰凡攻敵圍城之道城邑既破各入其宮宮者

御其祿秩收其器物軍之所至無刊其木發其官府之處

屋取其粟殺其六畜燔其積聚示民無殘心其官民積聚燒焚則空城矣

有請降許而安之

張睢陽曰行兵如雲合鳥集變態不常即數步之

間勢有同異臨機應卒呼吸之際盖難言之矣觀
起之數對如示諸掌各中竅會語云運用之妙存
乎一心諒哉

有此三者乃可恃以致勝

分爲行列者三以饗有功

勵士第六 此篇言明賞功以勵衆士

武侯問曰嚴刑明賞足以勝乎起對曰嚴明之事臣不能悉雖然非所恃也夫發號布令而人樂聞興師動衆而人樂戰交兵接刃而人樂死此三者人主之所恃也武侯曰致之奈何對曰君舉有功而進饗之無功而勵之於是武侯設坐廟庭爲三行饗士大夫上功坐前行餚席兼重器上牢次功坐中行餚席器差減無功坐後

言致勝不專在乎賞罰

有功進饗則無功自知激勵此即致三樂之方

以示君心之不忘有功也

上句起下句言士氣有盛有衰不可強齊

行餚席無重器饗畢而出又頒賜有功者父母妻子於廟門外亦以功爲差有死事之家歲使使者勞賜其父母著不忘於心行之三年（行此饗賜之法）秦人興師臨於西河魏士聞之不待吏令介冑而奮擊之者以數萬武侯召吳起而謂曰子前日之教行矣起對曰臣聞人有短長氣有盛衰君試發無功者五萬人（雖有五萬之多而其氣則衰）臣請率以當之脫其不勝取笑於諸侯失權於天下矣今使一死賊伏於曠（設此一段爲喻）

投弃身命者人雖寡而其氣則盛

車不得車謂用車戰者不獲敵人之車下句倣此

野千人追之莫不梟視狼顧何者恐其暴起害

梟鳥目午不見物故數視

巳也是以一人投命足懼千夫今臣以五萬之衆而爲一死賊率以討之固難敵矣於是武侯

言用五萬衆而勵其氣如一死賊之果敢

從之兼車五百乘騎三千匹而破秦五十萬衆此勵士之功也先戰一日吳起令三軍曰諸吏士當從受敵車騎與徒若車不得車騎不得騎徒不得徒雖破軍皆無功故戰之日其令不煩而威震天下

此亦激勵之意

大都兵之集也多不逞之徒其氣咆哮而難制其心頑獷而弗馴苟非行賞以結其心示罰以厲其氣則百萬熊羆錚錚狻狻安能爲我川命哉信乎軍政之不可一日不講也

兵垣跋

嘗觀用兵有機爲機若先天之秘也一洩於陰符而黄帝有阪泉之戰再洩於素書而子房以之識項誅秦是張譯兵策奇制勝竟不在孫吴下始善陰符素書之道漏天機神

妙筆汪也霍食山中守吏穗窟保抽
架上孫吳時一展之而意度森然法
制具備中間轉變出奇法法與陰符
暗合素書標綠噫吾乃知兵機之妙
會矣今之治兵者於兩家之書人袖
一編焉相與聚頭磋綠究竟稍未拈

窺兵家一斑先生之妙玄靈之秘自非天授孰能以望之沉水入火之人哉因手輯諸編而附以邊海圖沿革為六卷存之篋中以俟知兵者談兵機之有在　旹萬曆屠維協洽之歲正月朔

故郭藏戀循晉牌讀

跋語

嘗聞兵凶器也善爲國者不師戰危事也善師者不陣雖然疆場有守禦之備安能廢之故夫矢揚刃飛摧鋒蹈陣斷死於前者不責之書生而責之武士知彼知己策奇制勝百不失

一者又不責之武士而責之知兵一旦虜騎薄我城下烽火相接不遑寧處乃始討軍實而申警之其又奚及若迺疆埸晏如民不知兵不惟文士僅曉篇章且武臣盡戢戈戟即胡虜無百年之運而邊塞有旦夕之虞其

又誰荅頌之胡兒飲馬遼左邊事曰非欲求衛霍者流深犂虜庭封狼居胥難其人矣小子不敏不能請纓闕下繫單于頸而日覩孔亟每為中夜起舞恨提刀躍馬勢所不能也曾於先渭陽晉叔氏手受諸編曰陰符素

書次之兼輯孫吳彙為四編憶昔軒轅氏擒蚩尤留侯輔赤帝自非神人親授秘識洞悉兵機吾未見其能也知兵如孫吳司馬子長已詳言之不多置喙從來治兵每每援此策勝況今羽檄交馳烽烟未熄兜鍪家能銷

鋒鑄鑛不一擾枹鼓於軍門孛若夫許恭襄以世澤籌邊務梅林公以雄才請海氛數十年來邊境無塵海潮印月至今閱邊海圖論形勢昭然利病具見二公之為國謀寧遼於為家謀為身謀也遼陽以北實可寒心東

南一帶焉保其不躡我後而狡焉啟

疆哉因附邊海圖論于後使留心國

事者洞兵機曉兵法矚兵形以稍抒

目前緩急之用亦草莽之士所深願

也謹以灾木俟之知者

天啓元年重光作噩之歲夏日

若上布衣閔聲謹跋

廿七